Para além das margens – A Itália de Elena Ferrante
Isabela Discacciati

© Isabela Discacciati, 2024
© Bazar do Tempo, 2024

Todos os direitos reservados e protegidos pela Lei n. 9610, de 12.2.1998.

Proibida a reprodução total ou parcial sem a anuência da editora.

Este livro foi revisado segundo o Acordo Ortográfico da Língua Portuguesa de 1990, em vigor no Brasil desde 2009.

Edição **Ana Cecilia Impellizieri Martins**
Coordenação editorial **Joice Nunes**
Assistente editorial **Olivia Lober**
Copidesque **Marina Montrezol**
Revisão **Luiza Cordiviola**
Projeto gráfico **Bloco Gráfico**
Assistente de design **Stephanie Y. Shu**
Imagem de capa **Karina Freitas**
Acompanhamento gráfico **Marina Ambrasas**

CIP-BRASIL. CATALOGAÇÃO NA PUBLICAÇÃO
SINDICATO NACIONAL DOS EDITORES DE LIVROS, RJ

D639p
    Discacciati, Isabela
        Para além das margens: a Itália de Elena Ferrante / Isabela Discacciati
        1ª ed. Rio de Janeiro: Bazar do Tempo, 2024.
        232 p.; 20 cm.

ISBN 978-65-85984-01-0

1. Ferrante, Elena, 1943 Ensaio literário. 2. Literatura italiana – História e crítica. I. Título.

23-92335   CDD: 850.9   CDU: 82-4(450)

Gabriela Faray Ferreira Lopes, Bibliotecária, 7/6643

1ª reimpressão, setembro de 2024

Rua General Dionísio, 53, Humaitá
22271-050 – Rio de Janeiro – RJ
contato@bazardotempo.com.br
www.bazardotempo.com.br

PARA ALÉM DAS MARGENS
A Itália de Elena Ferrante

Isabela Discacciati

| 15 | Prefácio | Geografia literária |
| 21 | Apresentação |

25	**Nápoles**
25	Partênope, a sereia
35	As pobres almas do purgatório
41	A alma gêmea e a cidade macho-fêmea
46	O último *femminiello* de Nápoles
56	O bairro
63	A biblioteca
70	Entre santos e mártires
73	Nada mais importa
78	O transplante de uma igrejinha

85	**Ischia**
85	A ilha
90	O ventre de Ischia
96	Com quantas letras se escreve Ischia
107	O escritor

115	**Pisa**
115	A fuga do sul
120	Uma casa napolitana em Pisa
122	Pisa é *tutto il mondo*
127	Arno
135	De Leopardi a Greco
141	A Normale
146	O voo de Lenu, ou a história de quem foge e de quem fica
149	**Florença**
149	Uma lembrança borrada
154	A História por detrás da história
162	A cidade das mulheres
177	**De volta a Nápoles**
177	A trilogia social bourbônica
190	A cidade operária
196	As mulheres operárias
205	Iolanda
213	Pausa da dor
223	Agradecimentos

Prefácio

Geografia literária

A história bonita e complicada da amizade entre duas mulheres ganhou o mundo nas páginas escritas por Elena Ferrante, expoente da literatura italiana contemporânea e fenômeno editorial internacional. A saga das amigas Lila e Lenu, publicada originalmente entre 2011 e 2014, tem comovido e instigado pessoas de diferentes idades, formações e nacionalidades.

Mas, para além das duas protagonistas, os quatro volumes da tetralogia napolitana têm outro elemento que se destaca: a representação que Ferrante faz da Itália, em especial da cidade de Nápoles, que é mais do que um cenário, ganhando contornos vívidos de personagem — não apenas na tetralogia, sua obra-prima, mas em todos os seus escritos, desde a publicação do primeiro romance, *Um amor incômodo*, em 1992.

"Ferrante é artífice de uma história universal, que se desenrola em um lugar que contém em si o mundo, com suas virtudes e misérias. Nápoles, a linha de partida dessa jornada, é o espelho imperfeito que reflete a delicadeza corrompida, uma beleza que se estilhaça", escreve Isabela Discacciati na apresentação deste livro, que toma a obra de Ferrante como ponto de partida para pensar no seu entorno e em seus contextos. Nesse percurso, Isabela vai compartilhando conosco a sua própria jornada como leitora, pesquisadora e escritora.

O livro se apresenta, assim, como um guia que destrincha aspectos fundamentais da obra de Ferrante, ao mesmo tempo que é, ele mesmo, um trabalho literário. Embora seja rigorosa com os dados compartilhados, Isabela não se coloca como uma observadora neutra em busca de uma verdade objetiva. O que ela faz, com muita graça, é narrar suas andanças pelos lugares que habitam as páginas da escritora italiana, em uma tessitura que entrelaça suas experiências às das personagens, sobrepondo diferentes recortes temporais.

E se Isabela se mostra como uma artífice da narrativa, também as descrições pormenorizadas são capazes de nos transportar no tempo e no espaço. Em alguns momentos, temos a sensação de caminhar junto dela pelas cidades italianas, conversando sobre monumentos, vulcões, sereias, guerras, amores e desamores. Mas também sobre cenas prosaicas retratadas com a sensibilidade de quem se atenta não apenas aos grandes temas, mas principalmente aos detalhes que integram a massa misturada da vida.

Isabela é uma observadora perspicaz das paisagens interiores das personagens de Ferrante e, assim como a escritora, vai estabelecendo bonitas relações entre o mundo que as rodeia e o mundo que as habita:

> Nas figuras de Lenu e Lila, Elena Ferrante distribui as ambivalências que permeiam a cidade de Nápoles: a beleza e a violência, o sacro e o profano, o erudito e o popular. Lila é a maga, a feiticeira Circe, a sereia Partênope que aparece e desaparece, semeando discórdia e paixão. Lenu é aquela que usa o conhecimento e as palavras para escrever uma história conturbada, um verdadeiro mito do amor e da amizade.

Quem acompanha o trabalho de Isabela no perfil @clubeferrante do Instagram pode imaginar a riqueza que vai encontrar nas páginas a seguir. Também aqui, ela vai tecendo relações cuidadosas entre arte, arquitetura, história, geografia e política. O rigor que Isabela emprega no texto e a dedicação investida nas pesquisas que o antecedem merecem todo reconhecimento.

Nos últimos dez anos, tempo em que venho lendo e relendo a obra de Ferrante, participei de clubes de leitura, atividades acadêmicas, aulas, cursos, debates e outras boas conversas com pessoas profundamente interessadas em pensar em conjunto. Através desses olhares, pude enxergar ainda mais densidade e beleza nos livros da escritora. Foi assim que o meu caminho se cruzou com o de Isabela, e não foram poucas as vezes em que o olhar dela ampliou o meu.

O jogo entre clareza e obscuridade, tão caro à obra de Ferrante e tão importante para a história da arte, é uma tensão que poucos conseguem sustentar com a complexidade que Isabela oferece. Ao ler esses escritos, eu me encantei não apenas com o seu conteúdo, mas também com a sua forma. Isabela consegue transmitir ideias sofisticadas de modo simples, resultando em uma obra que pode ser lida por diferentes leitoras e leitores.

Agora você tem a oportunidade de adentrar o labirinto de Elena Ferrante ao lado de alguém que, mais do que apontar direções e rotas pré-estabelecidas, vai iluminando a passagem e nos convidando a conhecer caminhos possíveis. É uma companhia de valor inestimável, que só faz engrandecer essa experiência multifacetada, profunda, linda e difícil. A experiência vertiginosa que é ler Elena Ferrante.

Fabiane Secches
Psicanalista e autora de *Elena Ferrante,
uma longa experiência de ausência*

Apresentação

Entre as questões tratadas na tetralogia napolitana,[1] o grande romance de Elena Ferrante, uma em especial sempre me tocou: a força misteriosa que empurra Elena Greco para fora de seu lugar de origem e ao mesmo tempo a arrasta de volta com tanto magnetismo. Talvez seja esse o motivo que torna a cidade de Nápoles central na obra e coloca no papel de coadjuvantes os lugares por onde a narradora transita ao longo dos quase sessenta anos da história de sua vida.

Em italiano, o termo *smarginatura*, ou desmarginação, é utilizado no universo gráfico e tipográfico. Ele define o espaço que delimita a área de impressão de um documento ou da página de um livro. Na tetralogia napolitana, Lenu faz um esforço descomunal para ultrapassar as margens que lhe foram impostas por uma ancestralidade que já havia decidido por ela. Mas romper esse invólucro, provar do prazer e do medo, acaba por trazê-la sempre de volta ao bairro, a Nápoles, a Lila, a si própria.

Este é também o efeito que um grande livro exerce sobre nós: uma viagem transformadora, uma revisitação do nosso percurso, que provavelmente não nos trará respostas, mas novos questionamentos. Elena Ferrante nos convida a romper as margens de seu livro quando narra lugares que não conhecemos,

---

[1] Elena Ferrante, *A amiga genial*, trad. Maurício Santana Dias, São Paulo: Biblioteca Azul, 2015; *História do novo sobrenome*, trad. Maurício Santana Dias, São Paulo: Biblioteca Azul, 2016; *História de quem foge e de quem fica*, trad. Maurício Santana Dias, São Paulo: Biblioteca Azul, 2016; e *História da menina perdida*, trad. Maurício Santana Dias, São Paulo: Biblioteca Azul, 2017.

mas que ainda assim estão dentro de nós. Sua louvável habilidade de construir narrativas em que personagens se dissecam a partir de suas dores alimenta a empatia de leitores do mundo inteiro. Reconhecemos em algum lugar da nossa própria história o bairro, a margem de um rio por onde caminhamos aflitos em um momento de crise, sentimos o calor do sol na pele, relembrando um verão da juventude.

Ferrante é artífice de uma história universal, que se desenrola em um lugar que contém em si o mundo, com suas virtudes e misérias. Nápoles, a linha de partida dessa jornada, é o espelho imperfeito que reflete a delicadeza corrompida, uma beleza que se estilhaça. Representa a caverna da qual fugimos e que ousamos revisitar para, não sem dor, reencontrar o útero materno.

Explorar os lugares descritos na tetralogia me permitiu mergulhar de forma ainda mais profunda no vórtice – para usar um vocabulário oportuno – no qual me precipitei depois de entrar em contato com a obra de Elena Ferrante. Foram muitas viagens, pesquisas, leituras, entrevistas, conversas para esboçar o mapa da cidade de Lila e Lenuccia, buscando investigar e compreender alguns dos acontecimentos históricos e o contexto social do período em que se desenrola a tetralogia, do início dos anos 1950 a meados de 2010.

Nápoles, Ischia, Pisa, Florença e mais uma vez Nápoles são as cidades que, nessa ordem, aparecem no livro. Elas seguem as fases das protagonistas, que no romance são distribuídas por segmentos narrativos: infância, adolescência, juventude, intermédio, maturidade e velhice. Na tetralogia, temos ainda o prólogo e o epílogo.

A vida de Lila e Lenu acompanha fragmentos importantes da história da Itália, que procuro sinalizar no livro: a influência do fascismo na construção do bairro, as feridas do pós-guerra, o processo de industrialização e sua decadência, a migração dos trabalhadores do sul para o norte, o movimento estudantil, a mobilização operária, a explosão do feminismo e os anos de chumbo.

Servi-me da mitologia, da religião, dos rituais e da sabedoria popular – elementos essenciais da cultura napolitana – para pensar em como Ferrante construiu o enredo e as personagens de *A amiga genial*.[2] Algumas reflexões me ajudaram a entender as escolhas da autora, outras serviram para embaralhar minhas convicções.

Durante o percurso de pesquisa e escrita, refiz alguns caminhos da minha própria história, e esses momentos ficam claros ao longo do texto. É uma viagem a um destino inesgotável de cenários, vozes e pensamentos, na qual a universalidade representada pela obra de Ferrante nos transforma em passageiros comuns. Percorrer os lugares de Lila, Lenu e Elena e imaginar a construção dessa história é como erguer uma ponte que parte de um cenário imaginário para se materializar em um horizonte familiar a todos nós.

---

[2] A autora cita o primeiro livro, mas se refere às escolhas de Ferrante em toda a tetralogia napolitana. (N.E.)

Nápoles

"Nápoles era a grande metrópole europeia onde, com maior clareza, a confiança na técnica, na ciência, no desenvolvimento econômico, na bondade natural, na história que conduz necessariamente ao melhor e na democracia se revelara com grande antecipação totalmente desprovida de fundamento. Ter nascido nesta cidade – cheguei a escrever certa vez pensando não em mim, mas no pessimismo de Lila – serve apenas para isto: saber desde sempre, quase por instinto, aquilo que hoje, entre mil distinções, todos começam a afirmar: o sonho de um progresso sem limites é na verdade um pesadelo cheio de fúria e de morte."
ELENA FERRANTE, *História da menina perdida*

Partênope, a sereia

A origem de Nápoles é permeada pela ambivalência. O mito de fundação da cidade mistura beleza e morte, e encontra respaldo na Odisseia,[3] o famoso poema épico atribuído a Homero. Os versos narram a aventurosa viagem de Odisseu (na tradução latina, Ulisses) de volta a Ítaca, depois da Guerra de Troia. O XII canto do épico descreve o momento em que sua tripulação passa pela costa sorrentina, bem próximo a Nápoles. O grande perigo naquela parte do trajeto era ouvir o canto sedutor e mortal de sereias que repousavam em um prado, em meio a ossos e restos mortais de homens.

---

[3] Homero, *Odisseia*, trad. Frederico Loureiro, São Paulo: Companhia das Letras, 2023.

Odisseu, desejoso de ouvi-lo, mas temendo o destino, pede orientação à feiticeira Circe, que sugere um estratagema. Ele tampa os ouvidos dos companheiros de Odisseu com cera e ordena que o amarrem ao mastro da embarcação. Assim, ele escuta o fascinante canto e, protegido pelas cordas, consegue seguir viagem sem cair na maldição. Uma das sereias, de nome Partênope, enfurecida por não conseguir seduzi-lo, joga-se de uma rocha. As ondas levam seu corpo à ilhota de Megaride, onde tempos depois surge o primeiro povoado da cidade, batizado Partênope e, em seguida, Neapolis, nova cidade.

O suicídio de Partênope é o nascimento de Nápoles. A beleza do golfo esconde a fúria, silenciada por um gigante chamado Vesúvio. Nápoles repousa sobre um supervulcão. A cidade está inserida na área dos Campos Flégreos, um amplo complexo vulcânico ativo, considerado de elevado risco por estar em uma área extremamente urbanizada e por ser associado a atividades eruptivas de tipo explosivo. Tais vulcões e crateras, em caso de erupção, colocariam em risco a vida de aproximadamente 700 mil pessoas. Se retomamos o mito de fundação, é interessante imaginar o corpo de Partênope estilhaçado em minúsculas células e absorvido pelas rochas, com a promessa de não deixar a cidade em paz, jamais.

Na tradição grega, as sereias eram seres híbridos, metade pássaro e metade mulher. A elas eram atribuídas forças incomuns, pois reuniam as naturezas humana, animal e divina. Por toda a Nápoles figuram sereias de diversos tipos: esculturas, afrescos, pinturas, grafites e colagens. Mas a Partênope mais significativa está em uma fonte cravada em um muro desbotado e anônimo, no centro antigo, onde fica a igreja de Santa Caterina della Spina Corona, hoje desconsagrada.

É em busca desse monumento que acordo cedo e começo minha jornada pelo centro de Nápoles. Sigo para a estação Toledo do metrô, considerada uma das mais belas da Europa. Ali, camadas de terra foram retiradas do ventre da cidade para permitir um mergulho em águas profundas. O projeto do arquiteto catalão Oscar Tusquets,[4] de 2012, com a colaboração de artistas contemporâneos, organiza e dá sentido aos vários níveis da obra. À medida que desço, as cores dos ambientes mudam, do preto, que faz alusão ao asfalto da cidade contemporânea, passa-se ao amarelo, que representa as cores quentes da terra e do tufo napolitano, até chegar ao último grau, que coincide com o nível do mar e é azul. Os tons dos mosaicos se intensificam em um degradê que descende ao ponto mais profundo da galeria, de onde se vê a cratera de luz, um cone que atravessa os quarenta metros que separa o nível da rua e o hall principal da estação. Um jogo de luzes LED programado pelo artista estadunidense poliédrico Robert Wilson[5] e admirado diariamente por milhares de usuários do metrô é a passagem final, antes de cada um escolher seu destino.

Desço na estação Duomo, onde um enorme canteiro de obras cria mais obstáculos no já caótico trânsito de carros e pedestres do Corso Umberto. As obras de expansão das linhas de metrô de Nápoles se arrastam não só pela famosa ineficiência da administração pública, mas também pelos inusitados tesouros incrustados nas entranhas da cidade. Em 2003, durante as escavações de ampliamento da linha, descobriu-se que a estação Duomo está em cima de um templo utilizado nos jogos olímpi-

---

4 Oscar Tusquets (1941-) é um arquiteto, designer e escritor espanhol conhecido por sua abordagem eclética e multifacetada no campo do design. Ele foi um dos fundadores do grupo BD Barcelona Design e é reconhecido por suas colaborações com artistas como Salvador Dalí. (N.E.)
5 Robert Wilson (1941-) é um renomado diretor e cenógrafo de teatro, conhecido por sua abordagem visionária nas artes cênicas. (N.E.)

cos do século II d.C., construído em homenagem ao imperador romano Augusto. O fato mudou completamente os rumos do projeto original, aumentando sua complexidade e o tempo para a entrega da obra. As escavações da estação chegaram a quase quarenta metros abaixo do nível do mar e trouxeram à luz objetos que testemunham que Nápoles sediou as Olimpíadas por quatrocentos anos naquele período. Ali estavam fragmentos das pistas onde se realizavam as competições e lápides com os nomes dos vencedores. Os jogos se equiparavam às disputas que aconteciam em Olímpia, na Grécia, mas com uma diferença interessante: em Nápoles, além das modalidades esportivas, havia disputas de canto e interpretação.

Quando a obra estiver finalizada, parte do templo ficará coberta por uma grande cúpula de vidro e aço, o que o tornará visível no nível da praça. Toda a área arqueológica será um museu, projetado pelos arquitetos Doriana e Massimiliano Fuksas. A estação Duomo faz parte da iniciativa Stazioni dell'Arte [Estações da Arte], proposta pela prefeitura em 1995, intervenção arquitetônica e de arte pública que é modelo em toda a Europa. As estações do metrô da Linha 1 foram projetadas por arquitetos de fama internacional e decoradas com instalações de arte contemporânea, transformando um lugar de trânsito das massas em espaço museal. Entre os profissionais envolvidos estão Dominique Perrault, Karim Rashid, Eduardo Souto de Moura, Alessandro Menini, Gae Aulenti e Álvaro Siza. Em meio ao caos urbano, as estações têm como proposta ser espaços provocativos e ambivalentes, nos quais ruínas de diferentes épocas, desde o Neolítico, convivem com formas, cores, neons, jogos de luzes e texturas da arte contemporânea.

Percorrendo os corredores do metrô, observo a cidade por debaixo da cidade, camadas e mais camadas de vida enterradas pela história. Penso no terremoto de 1980, que sacudiu com brutalidade os estratos da terra, criando toneladas de destroços. De repente vejo os losangos coloridos das paredes refletidos no meu corpo e levo um susto, a porta do elevador se abre, subo até o átrio e logo estou de volta à cidade barulhenta, onde o som das picaretas se mistura ao dialeto jocoso e maldoso e às buzinas nervosas.

Caminho pelo Corso Umberto I, conhecido pelos locais como Rettifilo, uma estrada em linha reta que conecta a Piazza Garibaldi, onde fica a estação de trens, à Piazza Municipio. Na tetralogia, o Rettifilo aparece como a ultrapassagem possível dos limites do bairro, uma área da cidade em cujas lojas e pizzarias quem chega da periferia é bem-vindo. Aqui se encontravam os amigos do bairro em suas poucas saídas noturnas, e é aqui que ficava também a loja em que a imagem de Lila vestida de noiva é exposta em um painel.

A fonte que procuro está escondida entre o traçado retilíneo das ruas que cruzam o Corso Umberto. A imagem idealizada da atração secreta, fora do circuito turístico proposto pelos guias de viagem, não se aplica a Nápoles. Em uma esquina, vejo uma igreja monumental abandonada, entregue às intempéries. A fachada parece há anos suplicar por uma intervenção, mas só a natureza atua, empurrando ramos de árvores pelas fissuras da parede e dando liberdade à hera de crescer sem impedimentos. Enquanto observo a igreja de Santa Maria in Cosmedin, acontece uma batida policial. Dois rapazes fortes, vestidos com os uniformes dos Carabinieri, revistam um jovem e sua moto. Ao lado deles, passa um homem empurrando um carrinho com seu bebê, cujas mãozinhas balançam enquanto se aproximam da fonte. O barulho da água antecipa o que parece ser uma velha conhecida sua. Chegamos quase juntos à sereia da fonte Spinacorona.

É uma escultura metade mulher, metade pássaro, que segura com as mãos em forma de concha os seios, dos quais jorra água. Ela está apoiada sobre o Vesúvio em chamas, esculpido no mármore, onde em tempos remotos uma lápide reproduzia uma antiga escrita em latim atribuída ao poeta Epicuro: *Dum Vesuvii Syren Incendia Mulcet*, ou seja, "A sereia mitiga o ardor do Vesúvio". A Partênope que se estilhaça em mil pedaços ao se jogar da rocha é a mesma que protege a cidade que surgiu em seu nome. A água que jorra da fonte "apaga" as chamas do vulcão, assim como Partênope acomoda e acalma em seu seio a intensidade dos napolitanos. Para eles, a Spinacorona é a *Fontana delle Zizze* – *zizze* é a palavra usada na língua vulgar para designar os seios. Mais do que a parte anatômica feminina, na figura de Partênope os seios simbolizam fecundidade, abundância, origem e amor.

Matilde Serao, jornalista e escritora napolitana, atuante entre o final do século XIX e início do século XX, começa seu famoso livro *Leggende napoletane*[6] [Lendas napolitanas] com um capítulo intitulado "A cidade do amor". Nele, ela discorre sobre a origem de Nápoles e o mito de fundação da cidade. Em sua versão, Partênope é uma jovem grega que se apaixona pelo ateniense Címon. Prometida pelo pai a outro homem, decide fugir da Grécia com o amado. Matilde Serao conta que Partênope e Címon chegam ao Golfo de Nápoles e, nesse momento, uma descarga de felicidade faz a terra tremer, "a terra que nasceu para o amor, que sem amor é destinada a perecer."

---

6 Matilde Serao, *Leggende napoletane* [Lendas napolitanas], [S.l.]: Ali Ribelli Edizioni, 2019.

Elena Ferrante trata do mesmo tema ao invocar Virgílio em *A amiga genial*, mais precisamente o trecho de *Eneida*[7] que trata da fundação da cidade de Cartago por Dido e seu abandono por Enéas. O épico é o objeto de estudo de Lenu em seu período de formação na prestigiosa Escola Normal de Pisa, mas é a partir de uma reflexão de Lila que ele é citado pela primeira vez em *A amiga genial*:

> Falou-me em detalhes sobre Dido, figura inteiramente desconhecida para mim, cujo nome escutei pela primeira vez não na escola, mas dela. E, numa tarde, lançou uma observação que me abalou muito. Disse: "*Se não há amor, não só a vida das pessoas se torna árida, mas também a das cidades.*" Não lembro como se expressou exatamente, mas a noção era essa, e eu a associei às nossas ruas sujas, aos jardins descuidados, ao campo arrasado por prédios novos, à violência em cada casa, em cada família.[8]

Na versão de Matilde Serao para o mito de fundação de Nápoles, Partênope não morre. A sereia continua viva há 5 mil anos, "esplêndida, jovem e bela." Para Serao, Partênope é o amor. Nápoles é a cidade do amor. Já Homero, em sua narrativa fantasiosa, mas menos romantizada, trata do desamor e da vingança. Partênope se enfurece com o desprezo de Odisseu, jogando-se do alto de uma rocha. Na versão original do mito, Nápoles é a filha do abandono.

A figura da sereia foi tratada na época medieval nos bestiários, livros que reuniam descrições de animais e bestas, reais ou imaginários, com interpretações moralizantes. Brunetto Latini,

---

[7] Públio Virgílio, *Eneida*, trad. Carlos Alberto Nunes, São Paulo: Editora 34, 2016.
[8] E. Ferrante, op. cit., p. 155.

pensador florentino que viveu no século XIII e foi professor do poeta Dante Alighieri, em seu bestiário (1230–1294) traz uma definição peculiar e misógina, tratando as sereias como meretrizes que arruinavam a vida dos marinheiros, e por isso eles eram obrigados a simular um naufrágio. Dizia ainda que esses seres tinham asas e unhas, porque o amor voa e produz feridas, e que viviam no mar, porque Vênus foi criada pelas ondas, concluindo, então, que a luxúria nasceu da umidade.[9]

A sereia Partênope desaparece na ilha de Megaride, onde fica o Castelo do Ovo, um dos principais cartões-postais de Nápoles. Uma antiga lenda associa o poeta Virgílio ao nome do monumento e narra que ele teria escondido um ovo encantado dentro do castelo. Reza a lenda que, se esse ovo fosse quebrado, a cidade de Nápoles seria acometida por todo tipo de desgraça. É interessante pensar que Virgílio foi para a história um dos maiores poetas da antiguidade, mas, para o povo napolitano, na tradição medieval, ele era considerado um mago com poderes sobre-humanos. Na verdade, Virgílio passou boa parte de sua vida em Nápoles e guiou na cidade operações de benfeitoria, como o aterro de zonas pantanosas e obras públicas, ganhando enorme reconhecimento da população.

Anjo e demônio, a sereia Partênope resume as complexas dualidades de Nápoles. Ela tem um instinto furioso de autodestruição, mas também a capacidade de olhar pelos seus, acolher súplicas e oferecer proteção. Em diversos momentos da história narrada por Lenu, esta atribui a Lila os mesmos poderes e características das deusas, oferecendo sua particular interpretação da amiga. Existem duas Raffaellas Cerullo, apre-

---

[9] Libro del Tesoro. Disponível em www.moleiro.com/it/miscellanea/libro-del-tesoro/miniatura/54c7772d3c94f. Acesso em 12 abr. 2024.

Fonte da Sirena, Piazza Sannazaro. Nápoles, 1968.

sentadas logo nas primeiras páginas da tetralogia, na lista de personagens, "chamada Lina por todos e de Lila só por Elena."[10] O próprio desaparecimento de Lila é reportado por Elena Greco como uma evasão etérea, assim como a morte dos deuses, sem um corpo físico. Os superlativos com os quais Lenu narra a personalidade e os feitos de Lila servem também para acentuar sua ambivalência, como quando a compara a uma sereia: "Deve ter sentido em Lila, suponho, aquele algo de inapreensível que seduzia e ao mesmo tempo alarmava: uma potência de sereia."[11]

Na figura de Lenu e Lila, Elena Ferrante distribui as ambivalências que permeiam a cidade de Nápoles: a beleza e a violência, o sacro e o profano, o erudito e o popular. Lila é a maga, a feiticeira Circe, a sereia Partênope, que aparece e desaparece, semeando discórdia e paixão. Lenu é aquela que usa o conhecimento e as palavras para escrever uma história conturbada, um verdadeiro mito do amor e da amizade.

Observando a fonte da Spinacorona, vejo a fúria destruidora de Partênope – abrandada pelo generoso gesto de apagar as chamas do Vesúvio – protegendo o povo napolitano. Penso no painel com a foto de Lila vestida de noiva subitamente pegando fogo e me lembro da mesma Lila, anos depois, quando funda uma empresa e se torna uma autoridade no bairro, acolhendo e empregando seus amigos do passado, companheiros de miséria.

---

10 E. Ferrante, *A amiga genial*, 2015, p. 9.
11 E. Ferrante, *História de quem foge e de quem fica*, 2016, p. 129.

As pobres almas do purgatório

A figura mítica de Lila me acompanha pelo centro de Nápoles, e decido me abandonar a seus caprichos sedutores. Caminho por ruas estreitas, desviando dos turistas que procuram a capela do Cristo Velado e a rua dos presépios napolitanos. Passo por muros pichados, paredes cobertas de adesivos, colagens, palavras soltas e declarações de amor esculpidas por objetos pontiagudos onde o reboco sobrevive. Observo com curiosidade, a cada esquina, os altares com fotografias dos defuntos e velas dedicadas a santos. Dentro de muitos deles, vejo imagens bizarras de homens e mulheres envolvidos por chamas vermelhas da cintura para baixo. Essas pequenas estátuas, chamadas de *anime pezzentelle* [pobres almas] – que de certa forma lembram a sereia Partênope –, são os objetos que me levam à igreja de Purgatorio ad Arco, na Via dei Tribunali.

A construção de época barroca é mais um tesouro do grande patrimônio artístico da cidade, e também espaço do usual confronto entre o belo e o assustador. A estrutura foi projetada em dois níveis: uma igreja superior que representa a dimensão terrena e uma catacumba que reproduz simbolicamente o purgatório. A igreja de Purgatorio ad Arco reforçava, à época em que foi construída, a expiação das almas do purgatório, defendida pela contrarreforma. Assim, sua decoração foi planejada para que os fiéis se lembrassem das almas que aguardavam sua liberação por meio das súplicas, a começar pelos crânios espalhados na fachada.

O culto das *anime pezzentelle* é uma tradição antiga em Nápoles. Alguns pesquisadores acreditam que ele surgiu nos cemitérios da cidade, que acumulavam os restos mortais de pessoas desconhecidas e enterradas como indigentes, mortas durante as grandes epidemias de peste e cólera, a partir de 1656.

As famílias napolitanas passaram a adotar os restos mortais, acolhendo-os em sua própria casa, como se fossem seus parentes, por acreditarem que tivessem o poder de interceder a seu favor em uma conexão entre o mundo terreno e o misterioso lado de lá. O que a princípio causava repugnância e medo depois passou a representar a misericórdia.

Os crânios eram as partes preferidas dos cultuadores, pois materializavam uma espécie de existência passada. Suas órbitas guardavam em si as experiências e vivências do defunto, e eles podiam escutar preces, pedidos, desabafos. A essas pobres almas eram reservadas orações e rituais com o intuito de liberá-las do purgatório, para que finalmente encontrassem a paz. Em troca de tamanha devoção ritualística, a pessoa que adotava o crânio pedia graças, como a cura de uma doença, a conquista do casamento, a proteção no parto e até mesmo sugestões de números para usar em jogos de azar.

A escolha de almas abandonadas, sem nome e de proveniência desconhecida era proposital. Tirar essas almas do abandono, levá-las para casa e oferecer afeto fazia com que a gratidão delas fosse enorme, facilitando sua intercessão e o alcance da graça.

A visita à igreja de Purgatorio ad Arco acontece em um dia ensolarado e fresco de abril. Subo as escadarias sem notar as caveiras da fachada, afoita pelo que verei lá dentro. Surpreendo-me com a quantidade de turistas e o preparo da jovem que me recepciona na entrada. Ela me explica as modalidades de visita e me oferece uma folha A4 plastificada com as informações sobre o monumento. Além disso, adverte-me que, por respeito, não é consentido fazer fotografias, então me conformo com o fato de que as imagens ficarão registradas somente na memória, e me comprometo a dosar minha emoção e manter a concentração.

As capelas, cúpulas, estuques, esculturas e colunas de mármore que dividem espaço com anjinhos gordos são belezas comuns às igrejas de Nápoles. Mas o que se vê descendo as escadarias laterais que levam às catacumbas é a representação perfeita da dualidade da própria cidade. O purgatório é o duplo da igreja, praticamente um espelho, com a mesma dimensão, os mesmos arcos e capelas, mas desnudo, sem os belos adornos da dimensão terrena. O ambiente é úmido, pouco iluminado, as paredes são mofadas, sujas de manchas. No lugar do silêncio respeitoso do andar superior, na catacumba penetra o som que vem da rua: o rangido dos motores, as línguas de várias partes do mundo, a música do artista de rua, a risada do mendigo bêbado. Como o porão de Don Achille, parece um convite a mergulhar nas profundezas e enxergar para além das aparências.

Passo por um corredor de terra batida sentindo o cheiro do solo úmido e, ao meu lado, nas paredes, vejo vários nichos, parecidos com uma vitrine. Lá estão eles, os crânios empoeirados, junto a vasinhos com flores de plástico, fotografias de defuntos, santinhos com orações, terços e velas de plástico com o rosto de Padre Pio. No chão, estão distribuídas dezesseis sepulturas, oito de cada lado, uma rosa vermelha com um longo cabo depositada em cada uma delas. Os túmulos não têm dono certo, epitáfio, tampouco são cobertos de mármore ou qualquer tipo de material. Terra, e nada mais. Nas paredes estão afixados os ex-votos, objetos que vejo com frequência em visitas a antiquários, ocasiões em que costumo pensar em como ficariam bem cobrindo parte das paredes da minha casa. São reproduções em metal de pedaços do corpo humano: coração, cabeça, tórax, pernas, seios, orelhas, olhos, que em algum momento falharam e precisaram da intervenção das almas do purgatório para encontrarem cura. São muitos também os bilhetinhos colocados nos altares, com pedidos dos visitantes.

Alguns dos pedidos são direcionados a um crânio específico que se encontra em um altar de azulejos azul-piscina, no fundo do ossário. Trata-se da única alma com nome e identidade próprios: Lucia é uma caveira adornada por um véu de renda branco e uma coroa de pérolas, apoiada em uma almofada. Na tradição popular, ela teria sido uma princesa morta subitamente no dia de seu casamento, logo após a cerimônia. É a alma de Lucia que acolhe as orações e os pedidos de quem busca a alma gêmea, ela é a protetora dos noivos. Mas não só. Seu altar é repleto de flores, fotografias, rosários, imagens de santos, anjos e bilhetinhos com os mais diversos pedidos. Muitos estão dobrados, o que impede os curiosos de saber o conteúdo, como uma espécie de pudor – ou pela crença de que só será atendido o que for íntimo e secreto. Em um deles, consigo ler o desejo de uma mulher pelo diploma universitário, ela pede a Lucia auxílio para enfrentar os próximos exames escolares.

Por mais peculiar que seja, a igreja de Purgatorio ad Arco, no coração do centro histórico, não oferece a sensação de espetacularização da tradição com o intuito de atrair a atenção de turistas e curiosos. Existe um verdadeiro senso de pertencimento ao mito, e um certo orgulho e respeito pelo que é visto de fora como extravagância.

Em 2013, o pesquisador alemão Ulrich Van Loyen passou catorze meses em Nápoles estudando o culto das almas do purgatório. Sua pesquisa originou o livro *Napoli sepolta, viaggio nei riti di fondazioni di una città*[12] [Nápoles enterrada, uma viagem aos ritos de fundação de uma cidade], no qual ele conta sua experiência de campo no cemitério Fontanelle e nas igre-

---

12 Ulrich Van Loyen, *Napoli sepolta, viaggio nei riti di fondazioni di una città* [Nápoles enterrada, uma viagem aos ritos de fundação de uma cidade], Milão: Maltemi, 2020.

jas e catacumbas da cidade. Van Loyen descobriu que a última grande onda do culto das almas aconteceu entre 1945 e 1950, período imediatamente posterior à Segunda Guerra Mundial. A adoção dos mortos anônimos era uma maneira de aliviar a dor das mães que jamais receberam os corpos dos filhos mortos no fronte.

Na longa história de amizade entre Lila e Lenu, a parte mais dolorosa é o desaparecimento de Tina, a amada filha de Lila e Enzo, nascida pouco tempo depois de Imma, a caçula de Lenu com Nino Sarratore. Tina era também o nome da boneca de Lenu, que Lila durante a infância faz precipitar nas profundezas do porão de Don Achille. Imma e Tina são praticamente o espelho das mães Lenu e Lila. O acontecimento dramático, sem explicação nem conclusão, é o início do profundo declínio de Lila, que se torna taciturna, vaga pela cidade dia e noite, e começa a entrar em intimidade com seus mistérios.

> Mas eu sabia quanto ela era capaz de se tornar obsessivamente concentrada quando algo a interessava, e não me espantava que pudesse dedicar tanto tempo e energia a isso. Só me vinha alguma preocupação quando aqueles sumiços se seguiam aos gritos, e a sombra de Tina se soldava àquele perder-se pela cidade noturna. Então me ocorriam as galerias de tufo nos subterrâneos da cidade, as catacumbas com intermináveis cabeças de defunto, as caveiras de bronze que introduzem às almas infelizes da igreja de Purgatorio ad Arco. E às vezes ficava acordada até escutar o portão bater e seus pés subindo as escadas.[13]

---

13 E. Ferrante, *História da menina perdida*, São Paulo: Biblioteca Azul, 2017, p. 422.

Lila começa a estudar a história de Nápoles pelo seu viés mais fascinante: os enigmas transmitidos por gerações e impregnados na tradição popular e nas ruas da cidade. Existe aqui o rigor e a disciplina do estudo, invejados uma vida inteira por Lenu. Mas Lila, ao contrário da amiga, não se atém aos aspectos eruditos ou cartesianos. A história, para ela, foi sempre feita de uma estrutura fantasiosa, mitológica, visceral como o vórtice que a persegue ao longo de sua existência. Lila se torna, depois do desaparecimento de Tina, uma alma em pena. Seu vaguear pela cidade onde nasceu e cresceu é um mergulho em suas próprias entranhas, o reconhecimento da aridez da cidade sem amor, assim como ela concluíra aos catorze anos de idade, refletindo sobre a leitura da *Eneida*. Ao perder Tina, Lila perde a chance de ressignificar sua existência – ela torna-se seca, infértil. Não há mais esperança.

Em seu livro *Elena Ferrante: uma longa experiência de ausência*,[14] a pesquisadora Fabiane Secches associa o desaparecimento de Tina ao mito de Perséfone, a deusa ligada à fertilidade da terra:

> Perséfone foi raptada por Hades, deus do mundo inferior, também chamado de mundo dos mortos. O rapto foi narrado pela primeira vez por Hesíodo. Em busca da filha, Deméter vagou por nove dias e nove noites. O desolamento de Deméter fez com que a população passasse a sofrer com a escassez de alimentos. Quando conseguiram localizar a menina, descobriram que havia comido uma semente de romã no mundo dos mortos e por isso não poderia mais deixá-lo. Zeus intercedeu e conseguiu um acordo: que Perséfone se dividisse entre dois mundos. Nos meses em que passava longe, a tristeza de Deméter se espelhava sobre a terra, criando assim o

---

14 Fabiane Secches, *Elena Ferrante: uma longa experiência de ausência*, São Paulo: Claraboia, 2020.

outono e o inverno. Nos meses em que voltava para casa, o mundo se alegrava com a primavera e com o verão.[15]

Ao contrário das repugnantes caveiras, que, apesar de não terem identidade, existem materialmente, Tina e Lila se dissolvem no desconhecido. No início da tetralogia, quando Rino relata a Lenu o desaparecimento da mãe, ela pede que ele vá até o armário para conferir se suas roupas estão lá. Rino descobre que não existe mais nada: vestidos, sapatos, documentos, fotografias, livros, computador. Seus vestígios se dissipam. Restam as memórias para Lenu venerar. São as palavras que ela acaricia. A mítica história de amizade relatada na tetralogia será sua forma de oração para livrar a amiga e a si mesma do purgatório?

A alma gêmea e a cidade macho-fêmea

O Quartieri Spagnoli [Bairro Espanhol] é um labirinto onde pela primeira vez me sinto segura. Quando conheci Nápoles, em 2004, esse era um território impenetrável até mesmo para os próprios napolitanos. Eu, que tinha parentes no bairro alto, fui bombardeada de conselhos e súplicas para que não colocasse meus pés nesta anomalia europeia, uma periferia em pleno centro da cidade.

Paralelo à Via Toledo, também conhecida como Via Roma, uma das ruas mais movimentadas da cidade, e a um olhar abaixo do tradicional bairro do Vomero, o Quartieri Spagnoli sempre foi um lugar estigmatizado. Projetado pelo governo espanhol, que dominava a cidade no século XVI, servia de alojamento para soldados, que podiam facilmente conter as revoltas

---

15 Ibid., p. 163.

populares. Em seu traçado reticular, povoado por becos e ruelas onde o sol fadiga a entrar, vivem hoje quase 30 mil pessoas, uma concentração demográfica que é o quádruplo em relação à média (já alta) da cidade. Quase 20% da população são de origem estrangeira, e 16,4% são mulheres (uma das maiores concentrações de presença feminina na cidade).[16]

Ali, por muitos anos predominaram a criminalidade, o tráfico de drogas e a prostituição. Ainda hoje registra o maior percentual de evasão escolar e a maior taxa de desemprego de Nápoles.[17] Nos últimos anos, associações culturais e organizações sem fins lucrativos de utilidade social (Onlus) têm operado mudanças profundas naquele pedaço da cidade ao fomentar o surgimento de atividades comerciais, restaurantes e hospedarias, além de incrementar o turismo. O renascimento do bairro espanhol é uma iniciativa da própria comunidade, que não esperou a intervenção do poder público e começou a dar pequenos passos em direção ao seu projeto de requalificação urbana.

A contribuição inicial partiu dos artistas locais, que começaram a decorar os muros das casas e, principalmente, os edifícios destruídos pelo terremoto de 1980 e jamais reconstruídos. Os pioneiros foram os artistas Cyop e Kaf; depois disso, outras intervenções salpicaram as ruas do bairro espanhol e viraram atração turística. O lugar impenetrável passou a ser explorado aos poucos por turistas e pelos próprios napolitanos, a começar pela primeira rua concomitante à Via Toledo, Vicolo Lungo del Gelso [Beco Longo da Amoreira], e pouco a pouco adentrar as

---

16 Dados da Fondazione Quartieri Spagnoli [Fundação Quarteirão Espanhol] (Foqus). Disponível em https://www.foqusnapoli.it/i-quartieri-spagnoli/. Acesso em 10 abr. 2024.
17 Dados da Fondazione Quartieri Spagnoli (Foqus). Disponível em https://www.foqusnapoli.it/i-quartieri-spagnoli/. Acesso em 10 abr. 2024.

outras cinco ruas paralelas e suas inúmeras transversais, até o ponto mais alto do bairro espanhol.

O Largo degli Artisti [Largo dos Artistas] era uma rua onde as crianças brincavam, mas ali se encontravam vulneráveis às atividades ilícitas do bairro. Hoje é um dos espaços mais visitados pelos turistas, por causa de dois famosos murais: o gigantesco desenho de Diego Maradona, feito nos anos 1990 por Mario Filardi, e a reprodução da Pudicizia (pudica), do artista argentino Francisco Bosoletti, inspirada em uma escultura da Capela Sansevero, no centro de Nápoles.

Os atores Bud Spencer e Sophia Loren, Totò, além do cantor Pino Daniele, são personalidades de origem napolitana retratadas nos coloridos muros do bairro espanhol. Mas não são eles que procuro quando começo a subir a ladeira de via Concezione a Montecalvario. O mural que motiva meus passos é o retrato de uma personagem viva, uma moradora ilustre que vive a poucos passos dali. Tarantina Taran é conhecida como o último *femminiello* de Nápoles. O curioso termo do dialeto napolitano é um substantivo feminino com desinência masculina (fêmea + o) e é utilizado na cidade para indicar homens que se sentem mulheres e vivem como tal, ou que transitam entre os gêneros masculino e feminino, e fazem parte da tradição e da cultura popular.

A figura do *femminiello* incorpora a natureza dupla e a sedutora ambivalência de Nápoles. Na tetralogia napolitana, ela aparece na pele de Alfonso Carracci, filho de Don Achille e irmão de Stefano e Pinuccia. Uma personagem enigmática, que ao longo da história entra em simbiose com Lila, a quem venera como uma deusa, a ponto de assumir suas características físicas e seus trejeitos. A impressionante transformação de Alfonso é relatada por Lenu na ocasião em que ela e Lila vão a uma loja, no centro de Nápoles, acompanhadas pelo amigo para comprar roupas de gestante. Lila pede a Alfonso que ele prove um vestido escuro em seu lugar para ver como ficaria nela, como se Alfonso a pudesse substituir na frente do espelho.

Quando ele veio, fiquei de queixo caído. Meu velho colega de escola, de cabelos soltos, o vestido elegante, era a cópia fiel de Lila. Sua tendência a se parecer com ela, que eu notara havia tempo, se definira bruscamente, e talvez naquele momento fosse ainda mais bonito, mais bonita que ela, um macho-fêmea daquele que eu tinha abordado em meu livro, pronto, pronta, a tomar a via que leva à Madona negra de Montevergine.[18]

Apesar de não apontar explicitamente em seu romance a figura do *femminiello*, Elena Ferrante faz uma referência a ela quando cita, na voz de Lenu, a santa ligada a essa tradição. A Madona Negra de Montevergine, também conhecida como Mamma Schiavona, é a protetora dos *femminielli* e da comunidade LGBTQIAPN+, e a ela é dedicada uma tradicional festa que toma conta das ruas de Montevergine, a cidade onde fica seu santuário, no dia 2 de fevereiro. Segundo a tradição popular, nesse lugar dois jovens homens que haviam sido flagrados se amando foram amarrados nus ao tronco de uma árvore e condenados à morte. A Madona de Montevergine os teria perdoado do castigo e libertado. Todos os anos, a comunidade LGBTQIAPN+, os grupos de *femminielli*, os estudiosos, os curiosos e a comunidade em geral participam da procissão ao santuário, no qual cantam e dançam a *tammurriata*, um ritmo similar à tarantela.

É curioso pensar que o santuário de Montevergine surge onde antigamente existia um templo dedicado à deusa Cibele, a

---

[18] E. Ferrante, *História da menina perdida*, p. 156.

Magna Mater, ou Deusa-Mãe, símbolo da fertilidade da natureza. Uma das versões do mito relata que Zeus nutria um amor não correspondido por Cibele. Durante um sonho erótico, ele deposita seu sêmen em uma pedra, dando origem a Agdístis, um hermafrodita de personalidade violenta. Receosos com seu comportamento, os deuses resolvem castrá-lo, e seu sangue, em contato com a terra, dá origem a uma amendoeira (em outras versões, a um pé de romã). Uma das filhas do deus Sangário coloca uma semente da árvore em seu seio, e assim nasce Átis, um belíssimo jovem que tem seu amor disputado por Cibele e pelo próprio Agdístis, em sua versão feminina. Átis, enlouquecido pela obsessão de Agdístis, acaba por se castrar, próximo a um pinheiro. É Cibele quem enterra seus órgãos e vê nascer, das gotas de seu sangue, flores de violeta.

O poeta romano Catulo,[19] em seu canto 63, dedica à deusa Cibele alguns de seus versos, descrevendo o culto em sua homenagem com tambores, música e danças delirantes. A literatura mostra a ciclicidade da história e prova que as tradições populares que hoje sobrevivem têm raízes profundas.

---

[19] Caio Valério Catulo, nascido em Verona por volta de 87 ou 84 a.C. e falecido em 57 ou 54 a.C., destacou-se como poeta no fim da era republicana. Ele estava associado a um grupo de poetas com ideais estéticos que romperam com o passado literário mitológico, adotando temas considerados mais mundanos por seus críticos. Os poemas de Catulo foram preservados e compilados em uma coleção conhecida como *Carmina* (ou *Poemas*), que sobrevive até os dias atuais. (N.E.)

O último *femminiello* de Nápoles

A sensação ao entrar no bairro espanhol é a de deixar para trás a cidade e adentrar um microcosmo com vida e regras próprias. Tento caminhar pela calçada, já que a rua é estreita e o tráfego de *scooters* intenso, mas sou obrigada a ultrapassar as margens do meio-fio para desviar das caçambas de lixo e dos carros estacionados de forma irregular. As portas entreabertas são um convite a espiar os pátios dos edifícios e suas escadarias. Falta reboco, mas roupas coloridas despencam das varandas e dos varais, cobrindo as paredes cinzas e sujas. Vejo idosos caminhando pelas ruas e crianças observando o movimento pelas janelas das casas. Quitandas, lojas de ferramentas e eletrônicos, salões de beleza e muitos restaurantes que prometem a experiência típica. Cada esquina tem seu altar, e dentro deles estão as fotografias desbotadas de velhos e jovens, velas, flores de plástico e as pequenas estátuas das almas do purgatório. No bairro espanhol me sinto surda. O zunido das motocicletas me entorpece, e o dialeto bruto e incompreensível me desorienta. Confio em meu olhar e encontro o belíssimo mural de Tarantina Taran, dito o último *femminiello* de Nápoles.

Tarantina é uma senhora – as rugas da testa e os vincos próximos à boca inflada por procedimentos estéticos, brilhantemente marcados pelo artista, entregam a idade. Seu olhar doce e benévolo é encantador. O cabelo loiríssimo sempre recolhido em um coque no topo da cabeça é sua marca registrada, é a mesma Tarantina que estampa as páginas da edição da *Vogue* italiana dedicada à cidade de Nápoles. As cores do mural são muito vivas. Tarantina usa uma blusa vermelha e está abraçada a um objeto importante na cultura popular napolitana, o *panariello*, um cesto de vime de onde são extraídos os números da tômbola.

O jogo é uma espécie de bingo do qual, em algumas ocasiões, somente as mulheres e os *femminielli* podem participar. São eles que retiram e cantam os números; pois, segundo a tradição, os *femminielli* teriam um poder mágico e seriam símbolos de sorte. Quando nasce um bebê na comunidade, por exemplo, ele é levado para ser tocado e acolhido por um *femminiello*. Essa figura ambígua seria o que existe de mais próximo entre os dois lados, o sacro e o profano. Assim como as almas do purgatório, eles são uma conexão entre a terra e o céu.

Gianfranca Ranisio, docente de Antropologia Cultural na Universidade de Nápoles Federico II, explica que, na cultura popular, a diversidade do *femminiello* não está ligada à homossexualidade, e sim ao valor simbólico da sua própria diversidade, de ser uma figura liminar, aquele que conecta a realidade ultraterrena e a morte.[20] É por este motivo que o *femminiello* é aceito e integrado na comunidade, fazendo trabalhos domésticos, cuidando das crianças e dos idosos, com respeito e afeto.

Isso não impediu que o mural que retrata Tarantina fosse vandalizado poucos dias depois da inauguração, em 2019. Seu rosto foi coberto com tinta preta e com uma frase que sentenciava a intolerância: "Não é Nápoles." A ação foi recebida com revolta e decepção pela comunidade, e repudiada pelo prefeito de Nápoles, Luigi di Magistris. A obra foi refeita pelo artista Vittorio Valiante e coberta com uma estrutura de *plexiglass* para impedir novas manifestações de ódio.

A aura mitológica que envolve a figura do *femminiello* tem raízes profundas na tradição cultural da valorização do feminino, que apresenta uma enorme contradição com a ordem patriarcal.

20 Gianfranca Ranisio, *Genere: femminielli. Esplorazione antropologiche e psicologiche*, Eugenio Zito e Paolo Valerio (orgs.), Nápoles: Libreria Dante & Descartes, 2013, p. 112.

Na tetralogia, Elena Ferrante apresenta personagens femininas fortes absorvidas pelo ambiente de violência masculino. Alfonso Carracci, nessa perspectiva, parece encarnar a ambivalência em sua forma orgânica. Um ser híbrido, a reencarnação da sereia Partênope. Sua doçura e inteligência da infância e adolescência são tragadas pela brutalidade da vida adulta. Quando suas feições passam a se assemelhar aos contornos de Lila, ele parece precipitar no vórtice da violência.

A estudiosa Tiziana de Rogatis faz uma análise interessante da morte de Alfonso Carracci. Seu corpo é encontrado na praia de Coroglio, entre o elegante bairro de Posillipo e a área industrial de Bagnoli, no Golfo de Nápoles.

> O cenário idílico é violado três vezes: a primeira porque serve de moldura para o corpo de um morto assassinado; a segunda porque esse cadáver híbrido, de macho-fêmea boiando no mar, reescreve uma das variantes do mito de fundação da cidade de Nápoles, a morte da sereia Partênope (outro ser híbrido); a terceira porque, dentre todas as paisagens do Golfo, a escritora escolhe aquela marcada pelo trauma da modernidade.[21]

Ela se refere a Italsider, um dos maiores centros siderúrgicos da Europa, construído a partir de 1906 e desativado nos anos 1990, símbolo da falência do processo de industrialização no sul da Itália.

Depois de assistir inúmeras vezes a um vídeo sobre Tarantina Taran, acredito saber onde ela mora. No computador, volto pausadamente até a cena que a mostra apoiada na frente de sua casa no bairro espanhol. Reconheço a rua por um mural com a figura de

---

[21] Tiziana De Rogatis, *Elena Ferrante. Parole chiave* [Elena Ferrante. Palavra-chave], Roma: Edizioni e/o, 2018, p. 157 [tradução livre].

um Maradona jovem e em forma, vestido com o uniforme do Nápoles. Percorro o Vicolo del Gelso sem sucesso. Na rua barulhenta e salpicada de bandeirinhas coloridas, nem sinal de Tarantina.

No dia seguinte tenho um encontro marcado, às nove horas, com Achille, o guia que me levará ao bairro industrial de San Giovanni a Teduccio, na periferia da cidade. Enquanto caminhamos, questiono-o sobre Tarantina; ele me conta que ela leva uma vida reservada e, depois de tantos anos e especulações, está cansada de dar entrevistas. Sem conseguir disfarçar minha decepção, esqueço o assunto.

No final da tarde desse mesmo dia, estou sentada na escrivaninha do hotel, repassando algumas anotações para um caderno, quando recebo uma mensagem de Achille: "Hoje Tarantina completa 86 anos, acabei de passar na frente de sua casa, ela está lá." Agradeço emocionada, e afoitamente calço um par de tênis, coloco o casaco, meu lenço e desço correndo as antigas escadarias do palácio em que estou hospedada. Lembro-me do vendedor de flores que fica na entrada do bairro espanhol e, depois de dez minutos, estou na frente da casa de Tarantina com um maço de frésias coloridas.

Tarantina mora em um *vascio,* habitação típica de alguns bairros populares antigos napolitanos, composta de dois cômodos, o quarto e a cozinha. É uma espécie de garagem, com acesso direto para a rua, onde no passado famílias inteiras viviam amontoadas. A definição de Matilde Serao para o termo dá uma ideia de como eram essas moradias em seu tempo: "Casas nas quais se cozinha em um buraco, se come no quarto e se morre no mesmo cômodo onde outros dormem e comem."[22]

---

22 Matilde Serao, *Il ventre di Napoli* [O ventre de Nápoles], [S.l.]: Ali Ribelli Classic, 2019 [tradução livre].

Aproximo-me receosa do *vascio* de Tarantina e pela janela a vejo deitada em uma cama de casal. Ela está vestida com um conjunto esportivo vermelho carmim, maquiada e bem-penteada com seu inconfundível coque no topo da cabeça. Tomo coragem e bato dois toques na janela. Ela se levanta em um movimento rápido, me olha e abre a porta. E eu, que não sabia absolutamente o que dizer até segundos antes, disparo: "Tarantina, me disseram que hoje é seu aniversário e eu vim te dar um abraço, sou uma admiradora, essas flores são para você." O olhar benévolo do mural que está a poucos passos dali se materializa na minha frente e, com um sorriso surpreso, mas acolhedor, ela me convida para entrar: "*Ciao, tesoro*, que gentileza a sua! Que flores bonitas, obrigada! Entra, vem tomar um café comigo." "Você está descansando, eu não quero incomodar." "*Tesoro*, não é incômodo algum, senta aqui, vem conversar comigo."

A casa é pequena, mas aconchegante. Em cerca de trinta metros quadrados, dividem-se o quarto, com cama, armário, penteadeira e muitos espelhos, e a cozinha, que fica no fundo. Nas paredes estão quadros e algumas fotos de diversas fases da vida de Tarantina. Ela me convida para me sentar em uma cadeira logo na entrada da casa. Imagino que vai até a cozinha preparar o café, mas levanta o fone de um aparelho de telefone fixo e liga para o bar mais próximo, encomendando dois cafés. Só então ela se senta em sua cama e me fala sobre os cartões, as flores e os presentes que chegaram à sua casa em homenagem ao seu aniversário. Orgulhosa, abre o cartão escrito por um funcionário da floricultura com as palavras carinhosas de um diretor de cinema. Parece se sentir muito amada; está feliz.

A história de sua vida Tarantina começa a me contar depois que abre um estojo de veludo e me mostra uma placa de metal, homenagem que recebeu em sua cidade natal, Avetrana, na região da Apúlia, sul da Itália, depois de mais de setenta anos de ausência. Tarantina nasceu Carmelo Cosma, em 1936, e ainda criança percebeu que existia uma diferença entre o que sentia ser e o seu corpo de menino. Hostilizada, molestada e exposta pela comunidade, aos onze anos foi expulsa de casa pelos pais. Sua chegada a Nápoles coincidiu com o imediato pós-guerra, e ela foi acolhida por uma cidade ferida, traumatizada, mas pronta para recomeçar. Tarantina me diz que ainda menina começou a se prostituir para sobreviver. Os termos ofensivos que ouvia de seus conterrâneos, em Nápoles, transformavam-se em uma palavra que aos seus ouvidos soava confortável: *femminiello*. Foi assim que uma prostituta do bairro espanhol a chamou quando a tirou da rua e a levou para a casa onde recebia seus clientes. A cafetina lhe oferecia um espaço para morar, mas em troca ficava com todo o dinheiro. Do alto de seus 86 anos, Tarantina não demonstra mágoa ou sofrimento, parece ter assimilado os sentimentos ruins como parte da sua história. Enquanto fala, refere-se a si mesma ora no feminino e ora no masculino, e percebo as sutilezas contidas no termo que a define.

A pequena casa é seu mundo, e as recordações parecem latentes no dia em que celebra mais um ano de vida. Na mesinha de cabeceira com um abajur vermelho, pega um livro e diz que sua vida está toda ali. É uma publicação de 2021, intitulada *Illuminosa Tarantina*, escrita pelo pesquisador romano Roberto delle Cese. A capa é ilustrada com uma foto em preto e branco de uma mulher sorridente e glamurosa, longos cabelos castanhos, com um vestido de veludo preto. Ela está de costas e abraça um homem que também olha para o objetivo da câmera. Ele é Federico Fellini.

A vida de miséria que Tarantina encontrou em Nápoles assim que chegou à cidade, com casas destruídas e pessoas famintas que dormiam em colchões de palha pelo chão, fica para trás quando ela chega a Roma nos anos 1950.

Eu era só um menino e, de repente, acabei entrando na roda dos intelectuais da época. Conheci Fellini, Pasolini, Alberto Moravia, Elsa Morante e frequentava os lugares e as festas da dolce vita *romana. Eles falavam coisas que eu não entendia e, naquela época, eu não tinha conhecimento algum. Mais tarde, quando me tornei uma pessoa mais culta, foi que me dei conta de onde eu realmente estava e quem eram aquelas pessoas.*

Tarantina me relata as histórias enquanto abre as gavetas de um armário e espalha pela cama, coberta por uma colcha com estampa de onça, muitas fotos antigas. Em algumas ela está nua, corpo escultural, cabelos loiríssimos. Em outros registros, em ocasiões que parecem espetáculos teatrais ou festas, usa vestidos extravagantes, decotados, esvoaçantes, e lembra Marilyn Monroe. "As pessoas não acreditavam que eu tinha nascido homem e se espantavam quando eu mostrava meu pênis."

Pergunto como era Elsa Morante, e ela me diz sem rodeios que a escritora e o marido, Alberto Moravia, eram antipáticos, mas que Morante era brilhante e muito inteligente, mais do que ele. Existe só um momento na nossa conversa que sinto uma ponta de melancolia em sua fala. É quando ela cita o escritor e jornalista Goffredo Parise, que também conheceu em Roma no período em que se prostituía e frequentava os intelectuais da Via Veneto. Ela conta que Parise era um homem bonito, inteligente, e a ajudou muito. O escritor morreu em 1986, em Treviso. Tarantina fica contente quando digo que moro na cidade e me conta que recebeu uma homenagem da Casa de Cultura Goffredo Parise,[23] a casa-museu onde Parise passou os últimos anos de sua vida.

Na contramão da *dolce vita*, Tarantina vivenciou muito sofrimento, passou fome e viu destruição. Esteve presa algumas vezes por pequenas infrações. Estava no cárcere de Poggioreale, a poucos metros do Rione Luzzatti, quando a cidade veio abaixo no terremoto de 1980.[24] Aos 86 anos, reconhece-se como uma mulher feliz. Vive uma rotina simples, arruma-se, gosta de sair e está sempre cercada de amigos. Considera Nápoles uma cidade belíssima, onde as pessoas são acolhedoras, sorridentes, esperançosas – um lugar para todos. Sente-se respeitada e amada, ainda que consciente dos preconceitos. Não gosta de dinheiro porque nunca teve muito e, nos momentos de abundância, queria logo se livrar dele. Assim, ajudou muitos amigos e vizinhos. Hoje vive de uma pequena aposentadoria e da bilheteria de espetáculos teatrais e eventos. No dia de nosso encontro, contou-me que todos os ingressos da próxima apresentação, que aconteceria dali a dois dias na cidade de Salerno, estavam esgotados.

Nos anos da *dolce vita*, entre excessos, prazeres mundanos e liberdade, a artista italiana existencialista Novella Parigini pin-

---

23 Goffredo Parise (1929-1986) foi um premiado escritor, jornalista e roteirista italiano. A referida casa de cultura está localizada no município de Ponte di Piave. Antes de falecer, Parise estabeleceu que tudo o que ela continha também deveria ser incluído na doação, o que abrange o arquivo de parte de seus manuscritos e correspondência, acervo de publicações e artigos, além de uma extensa coleção de artigos sobre ele publicados até 1986. (N.E.)

24 No dia 23 de novembro de 1980, um terremoto de magnitude 6.9 atingiu uma vasta área da região da Campânia e parte da Basilicata e Apúlia, com um saldo de 2734 vítimas e 280 mil desabrigados. O epicentro foi o distrito de Irpinia, próximo a Nápoles. A gestão do estado emergencial teve muitas falhas, e as consequências do terremoto foram sentidas ao longo dos decênios sucessivos, com diversas criticidades no processo de reconstrução das moradias.

tava seres híbridos. Mulheres com olhos de gato, Sophia Loren saindo da boca de uma serpente, Gina Lollobrigida envolvida por pétalas de rosas, Vanessa Redgrave com asas de borboleta. E Tarantina Taran, com seu escultural corpo de macho-fêmea, boca carnuda vermelha, cabelos longos que parecem as chamas de um vulcão. Quando ela me mostra o desenho de Parigini que a retrata, lembro-me imediatamente da sereia da fonte do centro histórico. A rejeição e o acolhimento, a violência e a ternura, a escassez e a exuberância. Tarantina me parece a própria reencarnação de Partênope.

É interessante a escolha de Elena Ferrante em aproximar as figuras de Lila e Alfonso Carracci. Em uma entrevista publicada no jornal *La Repubblica*, em ocasião do lançamento mundial de *A vida mentirosa dos adultos*,[25] a autora é questionada sobre a desmarginação, um conceito presente em suas obras e que representa a perda das margens, uma espécie de transbordamento sofrida por suas personagens femininas. Ela explica que a desmarginação de Lenu em *A amiga genial* e a de Giovanna, personagem do último romance, acontece na metáfora. Quando ultrapassam as fronteiras do lugar de origem e se transformam, elas sofrem esse processo. No caso de Lila, a desmarginação é uma reação do corpo, que ela define como uma espécie de patologia. É o mesmo que acontece com a personagem de Alfonso, para quem a mudança física é uma maneira de perder os contornos daquilo que ele achava que era. Assumir-se no corpo de Lila, a mulher sujeita às mais cruéis violências dessa história, é um ato de coragem e devoção. De sua parte, Lila sente um grande prazer em poder moldar Alfonso, com o mesmo entusiasmo

---

25 E. Ferrante, *A vida mentirosa dos adultos*, trad. Marcello Lino, Rio de Janeiro: Intrínseca, 2020.

que a envolve na produção de sapatos, na adolescência, e na deturpação do retrato de noiva, depois de casada.

Olhava Alfonso – em cujo rosto, em cujos modos o feminino e o masculino rompiam continuamente as barreiras com efeito que num dia me repeliam, noutro me comoviam e sempre me assustavam –, que muitas vezes estava com um olho roxo e a boca inchada por surras que levara quem sabe onde, quem sabe quando.[26]

Escutar a história de abandono familiar de Tarantina, o desprezo que recebeu durante sua vida e o acolhimento que ela credita à cidade de Nápoles é como ver o passado de Alfonso. A vida real se aproxima mais uma vez da ficção criada por Ferrante. Durante a vida adulta, ele volta à sua caverna quando relembra o dia em que Lila e Lenu batem à porta de sua casa perguntando ao seu pai, Don Achille, pelas bonecas que deixaram cair no porão. O orco das fábulas questiona com deboche ao filho se ele havia pegado as bonecas das amigas, porque ele era a vergonha da família, brincava com as bonecas da irmã e usava os colares da mãe.[27] É Lila quem, nas palavras de Alfonso, o força à clareza e desperta sua necessidade de desmarginar. Nápoles está para Tarantina como Lila está para Alfonso.

---

26 E. Ferrante, *História da menina perdida*, 2017, p. 267.
27 Ibid., p. 205.

O bairro

"E assim ela voltou ao tema do 'antes', mas de um modo diferente do que costumava fazer na escola fundamental. Disse que não sabíamos de nada, nem quando éramos pequenas nem agora, e que por isso não estávamos em condição de compreender nada, que cada coisa do bairro, cada pedra ou pedaço de pau, qualquer coisa já existia antes de nós, mas tínhamos crescido sem nos dar conta disso, sem sequer pensar no assunto."

ELENA FERRANTE, *A amiga genial*

O taxista Salvatore era a terceira pessoa que no mesmo dia enrugava a testa e cerrava os olhos ao me ouvir pronunciar aquele nome. Levou o indicador à têmpora, enquanto alisava com o polegar as hastes do Ray Ban espelhado, tentando acessar a bússola que diariamente o orientava pelo labirinto da cidade. Quem faz ponto na frente do Teatro San Carlo, às portas da elegante Galleria Umberto I, carregando turistas do porto de Molo Beverello aos hotéis, não adentra o ventre de Nápoles. Talvez não saiba sequer que a pouquíssimos passos dali está a pracinha dedicada a Matilde Serao, jornalista e escritora napolitana que cunhou a expressão, que virou título de livro e definiu os espaços marginais da cidade.

O livro de Serao, *Il ventre di Napoli*,[28] foi publicado em 1884 e reuniu uma série de crônicas-denúncia sobre o estado de abandono em que se encontravam as camadas mais pobres da população napolitana no final do século XIX. A autora criticava a posição do governo e sua proposta de evisceração (*sventramento*) das áreas degradadas da cidade, com o abatimento de

---

28 M. Serao, op. cit.

bairros inteiros e a construção de largas avenidas e praças, no que ficou marcado na história de Nápoles como *risanamento* [recuperação]. Serao defendia que, para acabar com a corrupção material e moral, não bastava eviscerar Nápoles – era preciso, sob muitos aspectos, refazê-la.

É a partir do movimento em direção à política de reurbanização da cidade que surge o Rione Luzzatti, o lugar para onde me leva o taxista Salvatore. Elena Ferrante, em *A amiga genial*, opta por deixar incógnito o bairro onde crescem Lila e Lenu, como se quisesse oferecer ao leitor a possibilidade de se reconhecer na história. O bairro da narrativa é um só, mas como ele existem milhares espalhados pelo mundo, são nossas próprias cavernas, de onde fugimos e para onde de tempos em tempos ousamos voltar.

A definição de *rione* (bairro) é importante dentro da construção narrativa da tetralogia, pois o termo indica a divisão do território de uma cidade e a demarcação de uma fronteira que irá também estabelecer sua identidade em termos históricos, geográficos, sociológicos e econômicos. A escolha de Maurício Santana Dias, tradutor da tetralogia, pela palavra "bairro" no lugar de *rione* funciona muito bem em termos linguísticos e semânticos, entretanto pode-se dizer que o *rione* ultrapassa a ideia de bairro, sendo um microcosmo independente, com suas próprias regras, linguagem e patrimônio identitário. Na tradição histórica, o território italiano era fracionado até a unificação, em 1861, o que até hoje demarca diferenças substanciais na língua, no folclore, na culinária e principalmente nas relações sociais.

O Rione Luzzatti fica na periferia leste de Nápoles, e seus primeiros prédios foram construídos entre 1914 e 1925, com financiamento de um instituto para casas populares. No plano do saneamento, a área foi concebida como cidade do trabalho e da produção, mas, além de operários, abrigava uma classe formada pela pequena burguesia. Muitos eram funcionários da ferrovia italiana e trabalhavam na estação Gianturco, que cruza o famoso túnel descrito na tetralogia.

A concepção do bairro coincide com a expansão do fascismo e sua manifestação no tecido urbano com a criação do Alto Commissariato per la città e provincia di Napoli [Alto-comissariado pela cidade e província de Nápoles], uma espécie de prefeitura comandada pelo regime, com a função de administrar as obras públicas. A área onde foi erguido o bairro era um pântano (parte dele resistiu até os anos 1950, pelas descrições de Ferrante), e os novos edifícios deveriam se projetar para um futuro de esperança diante do período de recessão e dificuldades que vivia a cidade. O estádio de propriedade do clube de futebol Nápoles era uma prova disso: foi construído em uma área do Rione Luzzatti e batizado com o nome de seu financiador, Giorgio Ascarelli, presidente do clube, que morreu pouco depois da inauguração. Em 1934, tendo em vista a Copa do Mundo, o estádio foi completamente refeito em linha racionalista, sob administração fascista, e passou a se chamar Estádio Partenopeo, apagando o nome de Ascarelli, que era de origem hebraica. Três anos antes, em 25 de outubro de 1931, a visita de Benito Mussolini a Nápoles, com discurso na Piazza Plebiscito e passagem pelas ruínas de Herculano e Pompeia, teve uma etapa no Rione Luzzatti. O *duce* foi conhecer o bairro, que acabara uma obra de ampliação em 1929, período de ouro do regime.

A construção das casas populares era uma das preocupações do governo fascista ao investir em projetos que privilegiassem o funcionalismo. O Rione Luzzatti é um grande exemplo de bairro concebido seguindo essas diretrizes: os quarteirões são compostos por blocos de seis a oito prédios intermediados por pátios arborizados. Visto de cima, é uma minicidade com quadras bem-organizadas.

Mas o bairro da infância de Lila e Lenu é o Rione Luzzatti do pós-guerra, com o majestoso estádio fascista reduzido a pó e com crianças que brincam entre a terra batida e o esqueleto de edifícios bombardeados. É o que mostram as imagens do Archivio Fotografico Carbone,[29] associação que detém um precioso arquivo fotográfico de Nápoles. As fotos, feitas em 1950, documentam um bairro em reconstrução. Às margens do famoso estradão, citado tantas vezes na narrativa (via Taddeo da Sessa), os prédios se alternam com espaços preenchidos por terra revirada, restos de pedras e vegetação baixa. Os alunos da escola Quattro Giornate, por onde também passaram as protagonistas da história, usam uniformes e pastas tais quais os da série televisiva *My Brilliant Friend* [Minha amiga genial] e caminham juntos de uma professora. Em outra fotografia, às margens da linha do trem, uma mulher remexe a terra com uma pá, enquanto os filhos a esperam sentados em um montinho de pedras. Depois da guerra, os entulhos dos edifícios destruídos na cidade foram levados para o Rione Luzzatti para facilitar a reconstrução. Nas imagens, os edifícios sobreviventes e os reerguidos são caixotes retangulares de no máximo quatro andares, com as famosas aberturas que fazem respirar os porões.

Da janela do carro de Salvatore, eu vejo a paisagem mudar continuamente. Nápoles não é linear, não segue qualquer regra ou lógica. Nápoles dá enjoo, tontura, dor de cabeça, indigestão. Sou arremessada de um lado para o outro, com a música alta que vem do rádio, o cantar dos pneus e a sinfonia das buzinas. Ultrapassada a avenida que margeia a estação de trens Napoli Centrale, reconheço a área formada pelas ruas com nomes de

---

29 Archivio Fotografico Carbone. Disponível em www.archiviofotograficocarbone.it. Acesso em 10 abr. 2024.

cidades italianas. Corso Novara, via Firenze, via Bologna, via Torino: parece uma aula prática de geografia direcionada aos imigrantes africanos que dominam parte do bairro do Vasto, um dos mais degradados da cidade.

Oriento-me pelo conjunto de arranha-céus que formam o Centro Direzionale di Napoli [Centro Administrativo de Nápoles] (CND), um projeto audacioso de cidadela administrativa que diz muito sobre Nápoles, a cidade onde o renascimento permanece adormecido. Cronologicamente, a história do CND acompanha em grande parte a jornada de Lila e Lenu. A ideia de construir um bairro que abrigasse repartições públicas e escritórios de empresas multinacionais e, ao mesmo tempo, fosse capaz de requalificar uma área degradada e desafogar o centro da cidade surgiu na metade dos anos sessenta. Mas só em 1982 o projeto começou a sair do papel, quando foi entregue à supervisão do arquiteto japonês Kenzo Tange.

A concepção do CND foi revolucionária: o primeiro conjunto de arranha-céus da Itália não estava em uma cidade industrial do norte como Milão, e sim em Nápoles. As grandes torres foram projetadas por profissionais italianos de fama internacional, como Renzo Piano, Nicola Pagliara e Massimo Pica Ciamarra.[30] Todo o tráfego de veículos e os estacionamentos

---

[30] Renzo Piano (1937–) é um dos arquitetos mais renomados da atualidade. Participou de projetos que incluem o Centro Pompidou em Paris, o Parque da Cidade em Osaka e o Museu de Arte Moderna de Los Angeles (LACMA). Nicola Pagliara (1933–2017) foi um arquiteto italiano cujo trabalho se concentrou em projetos de design arquitetônico e urbano. Em 1979, recebeu o Prêmio de Arquitetura da Academia de São Lucas, concedido pelo presidente da república. Massimo Pica Ciamarra (1937–) é um arquiteto italiano. Projetou mais de trinta edifícios reconhecidos pelo Ministério da Cultura da Itália como significativos para a história da arquitetura contemporânea na Itália, abrangendo nove regiões, incluindo, em Nápoles, o Campus Monte Sant'Angelo da Universidade de Nápoles Federico II e o Piazzale Tecchio, em Fuorigrotta. (N.E.)

foram direcionados para o subsolo, e a área entre os edifícios ficou livre para pedestres, jardins e fontes.

Em 1995, trinta anos depois do projeto inicial, e quando Elena Greco se despede definitivamente da cidade para ir morar em Turim, o CDN é inaugurado. Do alto da colina do bairro nobre do Vomero, o *skyline* de Nápoles mostra as vísceras da cidade, entre cúpulas, castelos e o azul do golfo. Os arranha-céus, símbolo do renascimento, parecem uma projeção sobre o Vesúvio, peças de um teatrinho, que a qualquer momento podem tombar como um dominó.

Fui embora de Nápoles definitivamente em 1995, quando todos diziam que a cidade estava renascendo. Mas agora já não acreditava muito nessas ressurreições. Durante os anos, tinha visto o advento de uma nova estação ferroviária, o tímido despontar do arranha-céu de via Novara, os edifícios navegantes de Scampia, a proliferação de prédios altíssimos e reluzentes sobre o pedregulho cinzento da Arenaccia, da via Taddeo da Sessa, da Piazza Nazionale. Aquelas construções, concebidas na França ou no Japão e surgidas entre Ponticelli e Poggioreale com a viciosa lentidão habitual, num ritmo contido, logo perderam todos esplendores e se transformaram em tocas para desesperados.[31]

O estradão tem um trânsito pesado assim como os pés dos motoristas napolitanos, que não se furtam em largar o volante para gesticular e abrir os vidros para gritar obscenidades quando julgam necessário. Na rotatória que separa o caos da área residencial do bairro, vejo a bomba de gasolina e o túnel, e só ali me dou conta de que estou efetivamente no Rione Luzzatti.

---

31 E. Ferrante, *História da menina perdida*, 2017, p. 333.

Reconheço as ruas, mas não pelas imagens da série da HBO, que construiu uma enorme cenografia para reproduzir o bairro de Lila e Lenu em uma área pouco distante de Nápoles, na cidade de Caserta, mas pelo filme *L'amore molesto* [Um amor incômodo], de 1995, adaptação do primeiro romance de Elena Ferrante para o cinema. A história se concentra no retorno de Delia a Nápoles para o enterro da mãe, Amalia, morta afogada em uma praia em circunstâncias misteriosas. A protagonista faz um doloroso mergulho em suas origens, na tentativa de se reconciliar com a mãe e com seu passado. O ponto fulcral do tormento de Delia é o Rione Luzzatti, lugar onde ela cresce, vendo Amalia, bonita e exuberante, assediada pelos homens e espancada por seu pai.

Mais uma vez, Ferrante oculta o nome do bairro, mas em *Um amor incômodo* são citados o mesmo túnel e a tal bomba de gasolina de *A amiga genial*, além de outros indícios, como "a velha fábrica de cigarros",[32] a Manifattura Tabacchi, na área adjacente ao Rione Luzzatti, e que hoje aguarda a concretização de um ousado projeto de requalificação. Em uma troca de cartas entre Elena Ferrante e o diretor do filme, Mario Martone, publicada em *Frantumaglia*,[33] livro que reúne textos e entrevistas da autora, não existe nenhuma menção ao bairro, mas sua escolha como locação para algumas cenas sugere uma relação profunda entre a autora e o lugar.

O bairro é a dimensão da infância, das brincadeiras, mas também da violência, personificada em homens como o pai de Delia, o suposto amante de sua mãe, Caserta, de Fernando Cerullo, pai de Lila, de Don Achille e do filho Stefano Carracci.

---

32 E. Ferrante, *Um amor incômodo*, 2017, p. 133.
33 E. Ferrante, *Frantumaglia: os caminhos de uma escritora*, trad. Marcello Lino, Rio de Janeiro: Intrínseca, 2017.

Em uma das cenas de *L'Amore molesto*, Filippo, o tio de Delia, segura uma criança pelas pernas, de cabeça pra baixo, e ameaça jogá-la pelo vão das escadas. É o mesmo cenário de uma briga entre a viúva Melina e Lidia Sarratore, apontado como um dos episódios terríveis da infância de Lenu.

> Uma das tantas cenas terríveis de minha infância se inicia com os gritos de Melina e de Lidia, com as ofensas que se lançam das janelas e depois nas escadas; continua com minha mãe, que se precipita pela porta de casa e surge no patamar da escada, seguida por nós, crianças; e termina com a imagem, para mim ainda hoje insuportável, das duas vizinhas rolando agarradas pelos degraus, a cabeça de Melina batendo no piso do patamar, a poucos centímetros dos meus sapatos, como um melão branco que escapou das mãos.[34]

A biblioteca

É sábado de manhã e o outono está para começar, mas Nápoles me permite usar uma camisa de tecido leve e manter as canelas expostas em um jeans de barra dobrada. Desço do carro em uma simpática praça com uma quadra de esportes e árvores frondosas. Acredito estar nos jardinzinhos. Deixo o taxista Salvatore para trás, alheio aos meus motivos para estar ali. O Rione Luzzatti tem cheiro de roupa lavada. Partículas evaporadas de sabão em pó e amaciante pairam no ar do que me parece uma cidadezinha pacata de interior. Dois cachorros sem dono estão deitados preguiçosamente em um canteiro e só se mexem quando avistam uma senhora que leva pela coleira um barulhento chihuahua.

---

34 E. Ferrante, *A amiga genial*, São Paulo: Biblioteca Azul, 2015, p. 31–32.

Procuro pelo que fez arregalar os olhos de Salvatore e das outras duas pessoas a quem disse que visitaria o Rione Luzzatti, mas a Piazza Francesco Coppola não me parece nada ameaçadora. Emociono-me quando vejo uma menina a me espiar pela janela de um edifício rosa: é a Lenu vivida pela atriz Margherita Mazzucco em uma reprodução fotográfica. Depois do sucesso dos livros, mas principalmente da série televisiva, o bairro de Lila e Lenu teve finalmente a oportunidade de sair da situação periférica e virar uma espécie de atração turística.

Quem chega ao bairro pela estação Gianturco é recebido pelas protagonistas do romance na fase infantil, em uma enorme imagem que cobre a fachada de vidro do metrô. A iniciativa de distribuir pelo Rione Luzzatti as instalações com as personagens do romance aconteceu contemporaneamente à uma mostra no Madre, Museo d'Arte Contemporanea Donnaregina, em 2019, e envolveu a Film Commission Regione Campania, a prefeitura de Nápoles e a região Campania. A exposição das imagens de cena, realizadas pelo fotógrafo Eduardo Castaldo, foi dividida entre o Madre, no centro da cidade, e o Rione Luzzatti, na periferia, seguindo uma tendência crescente em Nápoles de aproximar a arte dos museus da *street art*.

Entre as instalações espalhadas pelo bairro, a mais famosa é a que decora a fachada de um lugar fundamental na história de Lila e Lenu: a biblioteca, que fica no número sete da via Leonardo Murialdo. Na parede, o busto das duas meninas é dividido: da cintura para cima, os rostos são sombras pintadas de cinza; na segunda metade, as formas ficam mais evidentes na reprodução da fotografia de cena. Lila segura o livro *A fada azul* e, de mãos dadas com Lenu, sobe as escadas da Biblioteca Popolare Rione Luzzatti. Como boa observadora, percebo que Eduardo Castaldo teve o esmero de destacar no letreiro que compõe o nome da biblioteca as letras que formam a frase: Lila e Lenu. Genial! Na parede seguinte estão a professora Oliviero e o professor Ferraro. Ela folheia um livro em uma estrutura que simula a janela da biblioteca. Embaixo dela, em um banco de madeira, está a figura de Ferraro, abraçado a uma moldura com uma fotografia em preto e branco, que retrata uma personagem real da história.

O portão que dá acesso à biblioteca está entreaberto. Lá dentro me espera a senhora Marzullo, bibliotecária à moda antiga, que há dez anos dirige a estrutura. Entro na salinha da secretaria e a vejo sentada em sua mesa. É uma senhora diminuta, de cabelos curtos vermelhos que aguardam um retoque. Tira os óculos do rosto e os apoia na cabeça para me ver melhor, parece feliz. Apesar do sol que brilha lá fora, Marzullo usa botas pesadas de inverno, um suéter bordô e uma manta azul-marinho, já que o aquecimento está desligado. Recebe-me com enorme satisfação e, orgulhosa, apresenta a Biblioteca Giulio Andreoli (nome que homenageia um importante matemático napolitano) como referência. Por aqui passam moradores do Rione Luzzatti, mas principalmente estudantes das escolas secundárias e universitários de diferentes bairros da cidade.

Ao lado de outra mesa está Rosa, que Marzullo me revela ser a guardiã de todo o acervo da biblioteca e sua futura substituta, já que a aposentadoria em breve baterá à sua porta. Eu fico de pé e sugiro que ela continue confortável em sua cadeira enquanto me fala sobre seu trabalho. Noto que não existem computadores na secretaria e, enquanto Marzullo me diz que seu objetivo é ensinar os jovens a ler com profundidade, vejo que ela pega na prateleira ao lado de sua mesa uma pequena caixa. É um antigo fichário, no qual estão organizadas as fichas dos sócios da biblioteca. Custo a acreditar que esse sistema antigo ainda seja utilizado, e tudo me parece ainda mais mágico. Coincidência ou não, a ficha que

Marzullo tira da caixa para me mostrar pertence a uma tal Anna Aliberti, e o primeiro livro que consta em seu registro é *Amica geniale*, de Elena Ferrante. Talvez a visão de Ferrante sobre o Rione Luzzatti não tenha convencido a leitora, não vejo em sua ficha registro de empréstimos da sequência que completa a tetralogia. De qualquer maneira, Anna foi mais uma leitora conquistada pelo fenômeno de *A amiga genial* e cultivada por Marzullo, como comprova sua ficha com variados empréstimos.

> A biblioteca, para ela, era um grande recurso. Conversa vai, conversa vem, me mostrou com orgulho todos os quatro cartões que tinha: um dela, um de Rino, um do pai e um da mãe. Com cada um deles pegava um livro emprestado, de modo a ter quatro simultaneamente. Devorava todos eles e, no domingo seguinte, os devolvia e pegava mais quatro.[35]

A personagem real da história, retratada no bonito mural de Eduardo Castaldo, na fachada da biblioteca, chama-se Agostino Collina. No romance ele é o professor Ferraro, responsável pelo empréstimo de livros da biblioteca circulante. O único a ter um vulto conhecido no meio de tantos outros moradores do Rione Luzzatti que inspiraram Ferrante na composição das personagens. Recorrendo mais uma vez às fotografias do Archivio Carbone consigo conhecê-lo melhor: um homem sorridente, de estatura baixa, cabelos pretos encaracolados com duas entradas, nas fotografias de 1958 ele parece estar em torno dos cinquenta anos. Em uma das imagens, Collina está na frente de um antigo móvel em forma de baú, a tampa aberta deixa ver uma grande quantidade de fichas catalogadas. De mãos cruza-

---

[35] Ibid., p. 103.

das, ele olha em direção a algo ou alguém e sorri como quem diz: que grande coisa estamos fazendo.

Agostino Collina foi o idealizador da biblioteca do Rione Luzzatti, em 1948. Seu desejo era fazer circular pelo bairro da periferia o conhecimento do mesmo modo que ele o tinha adquirido: pelos livros. O professor era um entusiasta do saber e, no cenário pós-bélico, quando a esperança caía sobre as novas gerações, investiu nas crianças e nos jovens, disponibilizando seu próprio acervo e recolhendo doações de volumes que chegavam de várias partes da cidade. Collina fundou também um jornal de pequena tiragem de nome *Rione Luzzatti*.

Em uma estante de vidro, no corredor da biblioteca que em breve receberá seu nome, está parte da coleção de livros do professor Collina. São volumes antigos que a senhora Marzullo preserva com esmero. Esses livros, romances, novelas, ensaios conservam em si inteiras edificações, a base que possibilitou que os filhos da guerra construíssem refúgios seguros. O passeio pelo corredor dos livros de Collina parece uma visita guiada a um museu. Marzullo me mostra um porta-retratos com uma fotografia dos docentes da escola Enrico Totti, o instituto escolar mais antigo de Ponticelli, outro bairro periférico de Nápoles. Posicionado na frente de uma escadaria, um grupo de professores posa para uma espécie de foto oficial. São 21 mulheres e 7 homens. Os vestidos são sóbrios, de cores escuras, alguns usam chapéus. No fundo, em pé, está o professor Collina, com seu terno alinhado e cabelos volumosos. A escrita está bem apagada, mas consigo ver o período da foto: ano didático 1939-1940, a expressão tranquila e sorridente de alguns deles sugere que não tinham ideia do que estava para acontecer, meses depois a Itália entraria na guerra.

Marzullo pede a Rosa que traga as chaves da estante de vidro e a abre com gentileza. Escolhe aleatoriamente um volume de capa dura marrom e folheia suas páginas amareladas, contando-me que ao professor Collina pouco importava o gênero; para ele, era fundamental que os livros circulassem. As fotos do Archivio Carbone,[36] de 1958, de fato mostram a biblioteca do Rione Luzzatti no que parece uma feira de livros: longas mesas enfileiradas e caprichosamente cobertas com toalhas lisas e livros, muitos livros. Collina abre os braços entusiasta enquanto fala com alguém. A frase em latim *Hic mortui vivunt* (Aqui os mortos vivem), que decorava a parede nos anos 1950, não existe mais na biblioteca que eu visito, agora é o precioso acervo de Agostino Collina que dá o recado.

A biblioteca do Rione Luzzatti ocupa um espaço não muito grande. A sala de estudos, equipada com dois computadores e algumas mesas, é cercada pelas estantes com livros para empréstimos. *A amiga genial* deixou sua marca, uma das paredes ganhou uma grande fotografia de Lenu, vivida pela jovem atriz Margherita Mazzucco na série televisiva. A imagem do fotógrafo Eduardo Castaldo é de uma cena em que Lenu, já adolescente, entra na biblioteca circulante do professor Ferraro, com sua natural expressão incerta.

Em uma das estantes, avisto os volumes de Elena Ferrante e não contenho meu sorriso. Ali, a autora ausente se confunde com a personagem e se mistura à leitora. Os livros de Ferrante nas prateleiras da biblioteca de Lenu ganham um significado quase místico, de redenção. A menina que nos olha assustada do alto da parede lateral será a mesma que escreveu todos aqueles livros que me trouxeram até aqui? Pergunto à senhora Marzullo o que ela acha. A bibliotecária me diz que acredita que

---

36 Archivio Fotografico Carbone. Disponível em www.archiviofotograficocarbone.it. Acesso em 10 abr. 2024.

Elena Ferrante tenha efetivamente vivido no Rione Luzzatti e que fosse uma menina completamente fora da curva. Para ela, a escrita crua e a hostilidade dirigida ao bairro é uma espécie de resposta ao que ela viveu por não se comportar de acordo com os cânones da época. Marzullo discorda da intensidade com que Ferrante descreve a miséria e a violência do lugar onde nasceu. As feridas ardem de modo diferente na pele de cada pessoa.

É difícil encontrar napolitanos que critiquem a cidade com a mesma energia da autora. A consciência e a indignação com as mazelas de Nápoles tendem a ser escondidas com um véu, fino e transparente, como a impressionante escultura do Cristo Velado, uma das grandes atrações turísticas que ficam no centro histórico da cidade. Marzullo fala com orgulho que Nápoles é uma cidade livre: "Roma, Florença, Veneza são bonitas porque têm a mão do homem, Nápoles tem a natureza e as mãos de ninguém." A vulgaridade da Nápoles descrita por Ferrante é curiosamente sedutora, existe uma espécie de gozo ao identificar um comportamento condenável como natural e até jocoso, como me explica sem pudores a bibliotecária. "Em Nápoles tira-se vantagem o tempo todo, como um sistema de defesa ou por mero prazer." Relendo uma carta de Ferrante ao jornalista Goffredo Fofi, publicada no livro *Frantumaglia*, concluo que, de certo modo, Marzullo tem razão.

> Eu me senti diferente dessa Nápoles e a vivi com repulsa, fugi assim que pude, carreguei-a comigo como síntese, um substituto para manter sempre em mente o fato de que a potência da vida é lesada e humilhada por modalidades injustas da existência.[37]

---

37 E. Ferrante, *Frantumaglia: os caminhos de uma escritora*, 2017, p. 65.

Entre santos e mártires

Antes de continuar explorando o Rione Luzzati, atravesso a rua e entro em um bar chamado Parisi. Peço um café e, ao levá-lo à boca, esqueço por um momento que estou em Nápoles. A xícara fervente, que segue o tradicional método de servir o café por aqui, queima meus lábios. Até nos pequenos prazeres, Nápoles convida a estar sempre alerta.

Passando pelos jardinzinhos chego a uma área verde com uma horta comunitária. Avisto uma espécie de pergolado que me lembra um presépio; lá dentro, uma imagem do Sagrado Coração de Jesus, uma de Maria e um rosto de Cristo crucificado dividem o espaço com uma estatueta sorridente de Totò, o famoso ator cômico napolitano. Mas é a imagem que vejo em um outro altar, mais adiante, que desperta a minha curiosidade.

É uma Nossa Senhora de olhar triste que carrega Jesus Cristo no colo, como tantas outras imagens de Maria. Mas na parte esquerda do rosto, na altura da bochecha, uma mancha escura sugere um hematoma. Descubro que se trata da Madonna dell'Arco, assim chamada por sua imagem originalmente se encontrar próxima a um antigo arco romano, nos arredores de Nápoles. É a protetora dos emarginados, dos pobres, rejeitados e excluídos, e as igrejas e altares dedicados a ela se concentram principalmente nas áreas periféricas da cidade, em uma clara divisão de classes.

Apesar de não carregar a palma do martírio, Nossa Senhora do Arco conhece muito bem a violência. A tradição popular narra que, durante a segunda-feira de Páscoa do ano de 1450, em Pomigliano d'Arco, próximo a Nápoles, dois meninos estavam em um campinho jogando *palla a maglio,* uma espécie de golfe, em que vence quem consegue, com uma marreta, lançar mais longe uma bola de madeira. Um dos meninos acertou o objeto em uma árvore de tília cujos galhos emolduravam uma imagem de Nossa Senhora, perdendo o jogo. Enfurecido, ele pegou a bola e jogou com toda a força na imagem, atingindo a bochecha esquerda, que começou a sangrar. Hostilizado pela população, o rapaz correu desesperado pela cidade, mas foi capturado e enforcado na mesma árvore, que horas depois perdeu todas as suas folhas e secou. O evento foi considerado um milagre, e Nossa Senhora do Arco passou, então, a ser venerada pela comunidade.

Seu culto até hoje é uma das festas religiosas mais importantes do calendário mariano de Nápoles e reúne milhares de peregrinos às segundas-feiras de Páscoa, data em que se comemora seu primeiro milagre. Homens e mulheres vestidos de branco e adornados com faixas azul-celeste e vermelhas caminham pela procissão em direção ao santuário. Seus gritos se misturam à música, aos fogos de artifício, e acompanham coreografias regidas pelos porta-estandartes. Nos últimos metros do trajeto, muitos correm de maneira desorientada, caminham descalços, ajoelhados ou se arrastando pelo chão da igreja. É comum presenciar peregrinos em uma espécie de transe, onde choro, gritos e convulsões são motivados pela forte emoção do evento, que rememora a história do jovem injustamente enforcado na lenda antiga. Uma espécie de desmarginação que parece surgir do âmago da cultura e da fé do povo napolitano.

Debaixo do altar da Madonna dell'Arco vejo uma lápide retangular com a foto de um jovem morto em 1993. A data do nascimento não é visível, mas a imagem sugere que Daniele Barbalinardo não chegou à vida adulta. É muito comum em Nápoles cultuar os defuntos nos altares votivos salpicando-os com suas fotografias, que com o tempo perdem as cores, como as flores de plástico que as emolduram.

Na Nápoles da infância de Lila e Lenu, morria-se de "crupe, tétano, tifo, exantemático, gás, guerra, torno, escombros, trabalho, bombardeio, bomba, tuberculose, supuração."[38] Nos anos 2000, as crianças morrem executadas pela polícia ou pela Camorra.[39] Vários desses jovens conhecem a criminalidade muito cedo e, convivendo em um ambiente de degradação, são facilmente aliciados pelos clãs pertencentes à referida organização. Morrem assassinados em acertos de contas pelos traficantes ou em ações violentas da polícia.

Seus rostos de meninos vão parar em altares adornados por familiares e amigos e, em alguns casos, tornam-se painéis pintados por *street artists* nas ruas onde o tráfico de drogas é a principal atividade comercial. O antropólogo napolitano Marino Niola[40] menciona o filósofo Mircea Eliade[41] e seu conceito de cratofania para explicar os altares dedicados aos jovens

---

38 E. Ferrante, *A amiga genial*, 2015, p. 25.
39 A Camorra, organização criminosa, tem suas raízes profundamente estabelecidas na região da Campânia, especialmente em Nápoles. Sua origem remonta ao século XVII e é reconhecida por suas atividades ilícitas, que abrangem desde o tráfico de drogas até a extorsão e o controle de negócios ilegais. A Camorra representa um desafio complexo e persistente para as autoridades italianas. (N.E.)
40 Marino Niola (1943–) é um pesquisador italiano conhecido por seus estudos e suas publicações sobre a história e a cultura da região da Campânia, na Itália, especialmente os relacionados à máfia e a organizações criminosas como a Camorra. Niola contribui significativamente para a compreensão acadêmica das dinâmicas sociais e históricas por trás do desenvolvimento e da influência dessas organizações na sociedade italiana. Cf.: Alessandra Coppola, *The Passenger Napoli* [O passageiro Nápoles], Milão: Iperborea, 2021, p. 41. (N.E.)
41 Mircea Eliade (1907–1986) foi um renomado historiador das religiões, filósofo e romancista romeno. Ele é conhecido por suas contribuições significativas para o estudo comparativo das religiões, explorando temas como mitologia, simbolismo e experiência religiosa ao longo da história. Sua obra mais conhecida, *O sagrado e o profano: a essência das religiões* (trad.: Rogério Fernandes, São Paulo: Martins Fontes, 2018), é considerada uma referência fundamental no campo dos estudos religiosos. (N.E.)

mortos em contexto de violência em Nápoles. Para ele, suas almas, ainda imbuídas de fluido vital, são capazes de interceder pelos que invocam sua ajuda para obter uma graça. Mas, para a sociedade, o culto aos *baby boss*, como são chamados os meninos envolvidos na estrutura da Camorra, reforça a mitização da máfia, despertando em outros jovens o desejo de ingressar no sistema.

Diante do altar da Madonna dell'Arco, faço o sinal da cruz, por via das dúvidas, em respeito ao menino morto, assim como aprendi no interior, de onde venho. Olho para os prédios do pátio que me circunda; em uma janela vejo uma mulher que fuma enquanto me observa. Vestida com um roupão estampado, ela responde ao meu aceno com um sorriso de poucos dentes. Não acredito que seja tão mais velha do que eu, mas me parece cansada. Resolvo perguntar onde fica a Piazza Salvatore Lo Bianco, e ela me responde em cadência dialetal: "Quer ver o mural da escritora? Vai, vai, é só virar a próxima esquina."

Nada mais importa

Diante do mural me sinto pequena, mas observando as duas meninas que representam Lila e Lenu sou tomada por uma força gigantesca. *Nada mais importa* é o nome da obra assinada por Luis Gomez de Teran, artista venezuelano radicado em Roma. A pintura, inaugurada em 2019, tem vinte metros de altura e toma inteiramente a contrafachada de um edifício da parte nova do Rione Luzzatti, a mesma onde Lila e Stefano, recém-casados, vão morar. As figuras das duas meninas são uma releitura de um quadro do francês William-Adolphe Bouguereau, de 1874, chamado *A tempestade*.

No quadro original de Bouguereau, as duas meninas estão abraçadas sobre uma rocha. Ao fundo vê-se o mar com ondas revoltas, e uma nuvem escura sugere a chegada da tempestade. Os vestidos panejantes, grudados em suas curvas pela força do vento, marcam seus corpos infantis. Elas estão ali, juntas, abraçadas, protegidas, prontas para enfrentar a tormenta. Na releitura de Gomez, as cores se cancelam para dar lugar ao tenebrismo das obras caravagistas, inspiração constante do artista venezuelano. Um corte central na imagem destaca a passagem da sombra à luz nos rostos das meninas Lila e Lenu. O mural de Gomez concentra em uma enorme parede do Rione Luzzatti a impossibilidade, destacada por vezes na obra de Ferrante, de encontrar um equilíbrio entre a clareza e a escuridão.

O mural de Gomez e as outras manifestações de *street art* no bairro são vistos como uma tentativa positiva e repleta de boas intenções de requalificar o lugar, já que o projeto também envolve a comunidade. Mas a atuação do poder público é insuficiente. É o que me dizem os moradores.

Encontro-os exatamente em frente à enorme imagem das duas meninas. Giovanni, Carmine e Gaetano já viveram o suficiente para ver grandes transformações no Rione Luzzatti. Giovanni, o mais velho, tem 82 anos. De luvas e galochas, pilota um cortador de grama, enquanto os amigos carregam regadores pesados para dar de beber às mudas recém-plantadas dos canteiros. Aproximo-me e pergunto o que acham da obra de Gomez; o discurso inevitavelmente se direciona à imagem deturpada dada ao bairro por Ferrante em *A amiga genia*l.

"Vivemos sempre muito bem no Rione Luzzatti; quando éramos meninos, brincávamos tranquilamente pelas ruas, não existia o tipo de violência que mostraram na televisão, é uma visão exagerada e não corresponde à realidade. Eu nasci aqui, e, nos anos 1940 e 1950, éramos uma pequena comunidade que sempre se ajudou, vivíamos em harmonia, gente trabalhadora, pessoas maravilhosas. Muitos estudaram, se formaram e viraram grandes profissionais", me diz Carmine. Todos são unânimes, porém, quanto à situação atual do bairro, e me contam que existe muito abandono, motivo pelo qual hoje, aposentados, eles se dedicam a cuidar dos jardins e canteiros, levantando recursos do próprio bolso e de outros moradores com o intuito de preservar o bairro, que ainda chamam de pequena joia.

A conversa com a senhora Marzullo e com o trio de jardineiros me desperta a curiosidade de saber como se vivia no bairro à época de Lila e Lenu. Buscando uma nova testemunha, chego a Severino Satta, gestor de um pequeno hotel na costa napolitana que viveu no Rione Luzzatti nos anos 1940 e 1950. Severino me telefona em uma tarde de primavera, depois de um contato prévio pela internet. Estou no parque com minha filha e não espero por sua ligação. Sem papel, caneta e com gritinhos de crianças ao fundo, procuro me concentrar nas frases de Satta, que com um sotaque carregado me revela muitos fatos interessantes sobre o Rione Luzzatti à época da infância de Lila e Lenu.

Severino Satta não nasceu na periferia napolitana, mas no Vomero, um bairro de classe média acessível principalmente pela famosa *funicolare,* que liga a parte baixa à colina. Ainda hoje, muitos vomereses, ao descerem até o centro da cidade, dizem que vão a Nápoles (*vado giù a Napoli*), como se o próprio bairro fosse uma ilha suspensa que observa a cidade do topo. O motivo que empurrou Satta morro abaixo até o Rione Luzzatti foi a morte do pai durante a Segunda Guerra Mundial. O menino, nascido em 1943 (um ano antes de Lila e Lenu), passava a semana na casa de conhecidos no Luzzatti e durante os fins de semana voltava para a casa da mãe, no Vomero.

A nostalgia de Satta faz par com sua lucidez, e a memória revela que os anos vividos no bairro de periferia foram muito felizes, apesar das profundas feridas deixadas pela guerra. O fio condutor que puxa a nossa conversa e ajuda a reescrever sua história é a biblioteca do professor Collina. Severino me conta que Agostino Collina era uma pessoa muito carismática e que ele e seu grupo de amigos ajudavam o professor a recolher os livros que enchiam as prateleiras da famosa biblioteca itinerante. "Saíamos do Rione Luzzatti e percorríamos a cidade vendendo um jornalzinho chamado *Famiglia Cristiana*. Com o dinheiro arrecadado, o professor Collina comprava novos livros para a biblioteca, algumas famílias de Nápoles também doavam uns volumes", conta. Parece mesmo que o empenho do professor Collina, a personagem do livro que efetivamente existiu, rendeu seus bons frutos. Satta afirma que muitos de seus companheiros de infância tiveram uma vida brilhante, bons empregos e ocuparam posições de prestígio depois de completarem seu ciclo de estudos.

Quando Elena Ferrante descreve o lugar de origem de Lila e Lenu, sua memória é invadida pela sombra da rejeição. A beleza natural de Nápoles, o azul do golfo, o dourado dos altares barrocos vivem em um espaço adormecido. Prevalece a poeira do estradão, o abandono e a escuridão do pântano, paredes descascadas e bueiros putrefatos. As lembranças de Severino Satta me desenham um bairro de crianças felizes, adultos que colaboram entre si e famílias unidas, como muitas das personagens que Ferrante descreve no livro. Ele se recorda, por exemplo, do vendedor de frutas com sua carroça e de um sapateiro extremamente habilidoso cuja fama ultrapassava os limites do bairro. "Além dos funcionários da ferrovia, o bairro era habitado por artesãos de muito valor, eram grandes profissionais.

Outros chefes de família e algumas mulheres trabalhavam nas indústrias que ficavam nos arredores, como a fábrica de algodão (Manifatture Cotoniere Meridionali) e de tabaco (Manifattura Tabacchi)", relembra.

Na transposição do livro para o audiovisual, a miséria e a violência ficam ainda mais evidentes, entre discussões, agressões e assassinatos. Satta me diz que gostou muito do livro, mas não da série televisiva. Uma passagem, porém, de certo modo o desmente. A famosa cena das bonecas o faz lembrar com especial nostalgia dos temidos porões, que para as crianças da época eram um mundo proibido, de mistério e fantasia: "O porão dos prédios para nós era um lugar que causava muito medo, não sabíamos o que se escondia naqueles buracos, era só escuridão; mesmo assim, nos dias quentes, ficávamos ali na frente aproveitando o vento fresco que saía das profundezas, como um ar-condicionado."

Se para Satta e seus companheiros os porões do Rione Luzzatti representam a ideia de uma infância fantástica, para Elena Ferrante é uma caverna escura, símbolo materno e uterino, passagem entre vida e morte, luz e escuridão, o profundo buraco para onde precipitam as bonecas Tina e Nu.

> O que mais nos atraía era o ar frio do subsolo, um sopro que nos refrescava na primavera e no verão. Depois gostávamos das barras com as teias de aranha, do escuro e da grade cerrada que, coberta de ferrugem, se retorcia tanto no meu lado quanto no de Lila, criando duas frestas paralelas pelas quais podíamos deixar cair pedrinhas na escuridão e ouvir o barulho que faziam ao bater no piso. Era belo e assustador, como qualquer coisa então. Através dessas aberturas, o escuro podia tomar nossas bonecas de repente, às vezes seguras em nossos braços, noutras, postas de

propósito ao lado da grade retorcida e, assim, expostas ao bafo frio do porão, aos rumores ameaçadores que vinham de lá, aos chiados, estalos, rangidos.[42]

Em *Um amor incômodo*,[43] o porão é um lugar-chave. Quando Delia entra no labirinto de Nápoles buscando uma explicação para a morte da mãe, ela acaba retornando ao porão de sua infância, ou ao útero materno, onde finalmente ressignifica sua história conflituosa com Amalia. Nas cenas do filme baseado no livro, a brilhante atriz Anna Bonaiuto, que vive Delia, caminha atordoada pelas ruas do Rione Luzzatti.

A conversa com Satta me lembrou de que, na visita ao bairro, havia notado as crianças brincando na frente das janelinhas dos subsolos. A rua que abriga a escola primária Quattro Giornate, onde estudaram Lila, Lenu, Severino Satta e seus companheiros, é repleta delas. No fundo dessa rua, tomada por carros estacionados de forma abusiva nos dois lados rentes à calçada, fica a igreja da Sagrada Família, cenário de diversos acontecimentos ao longo da história, o mais marcante deles o casamento de Lila, aos dezesseis anos, com Stefano Carracci.

O transplante de uma igrejinha

Pequena e graciosa, a igreja da Sagrada Família surge como um ponto de respiro entre um corredor de edifícios pichados com paredes descascadas. A harmonia do bairro, ressaltada pelos moradores com quem falei, não parece se aplicar às relações

---

42 E. Ferrante, *A amiga genial*, 2015, p. 22.
43 E. Ferrante, op. cit.

entre condôminos. Não existe um acordo para reformas ou embelezamento das fachadas, assim, no mesmo prédio, as janelas podem ser brancas, verdes ou marrons.

Na casa de Deus não se permite o desleixo, e na fachada da igreja da Sagrada Família uma frase em latim reforça a ideia: *Tu es custos domus dominae meae* [Tu és o guardião da casa do senhor]. Enquanto observo, dois senhores conversam diante da porta de madeira emoldurada por um arco em pedra. Aproximo-me e tento, em vão, entender sobre qual assunto falam, eles se despedem e somem da minha vista: um volta para dentro da igreja, o outro caminha em direção à rua. Entro e faço o sinal da cruz, imaginando que o homem seja um sacerdote. A igreja está praticamente vazia, em um dos bancos vejo uma mulher jovem, ela está ajoelhada, caminho devagar para que não perceba a minha presença e noto que seus olhos estão fechados.

A igreja é uma joia, altares barrocos de mármore são enfeitados por esculturas, estuques e o rosto de anjinhos gorduchos. No altar-mor, fica uma reprodução da sagrada família, serena em sua gruta modesta, imagem difícil de associar às personagens descritas por Elena Ferrante no livro. No lado esquerdo do altar, uma estátua dourada de um homem com um menino desperta a minha atenção. Descubro se tratar do beato Leonardo Murialdo, fundador, em 1973, da Congregação de São José e líder dos Giuseppini del Murialdo [Josefinos de Murialdo]. Na conversa que tive com Severino Satta, ele citou várias vezes os Josefinos de Murialdo e as atividades de acolhimento reservadas às crianças do bairro, como sessões de cinema, jogos e brincadeiras. Os padres também se dedicavam a ensinar algum ofício para que os meninos pudessem encontrar um trabalho nas fábricas das redondezas. Descubro ainda que, na ocasião do terremoto de 1980, muitas famílias do Rione Luzzatti que tiveram suas casas destruídas ou ameaçadas pela iminente queda se refugiaram no campo de futebol dos Josefinos.

Elena Ferrante escolhe não falar da congregação, do pátio das brincadeiras e do campinho de futebol administrados pelos padres, lembranças revividas com nostalgia por Satta. Ela associa a igreja a eventos dramáticos, tensos e violentos, como a surra de Don Achille em Alfredo Peluso, o casamento de Lila e Stefano e o assassinato de Michele e Marcello Solara.

A história da igreja do Rione Luzzatti é peculiar e remonta ao período da reforma urbanística promovida no vintênio fascista. No início dos anos 1930, o Rione Carità, também conhecido como bairro de São José, área antiga e central de Nápoles, foi escolhido para abrigar o polo administrativo fascista. Os antigos edifícios e palácios foram demolidos, e no lugar deles surgiram prédios simétricos, de linhas simples, mas imponentes. O complexo, que é exemplo de arquitetura fascista na Itália, foi sede de edifícios públicos, como os correios, o palácio da província e o instituto dos mutilados de guerra.

Os moradores foram expropriados de seus imóveis e foi necessário encontrar um destino também para o patrimônio artístico e arquitetônico de uma das igrejas do bairro. São José Maior, conhecida como São José dos Carpinteiros, foi fundada em 1500 e embelezada principalmente no período barroco por grandes artistas napolitanos da época. Em uma operação no mínimo incomum, toda a decoração interna foi extirpada e transplantada para uma nova igreja, construída a pedido do cardeal Alessio Ascalesi, que quis salvar o patrimônio. Essa igreja ficava no novíssimo Rione Luzzatti, onde já atuavam os padres Josefinos, os quais aceitaram de bom grado a oferta do cardeal, pois anos antes ele havia trazido a congregação a Nápoles.

Igreja da Sagrada Família, no Rione Luzzatti, no pós-guerra. Nápoles, 1950.

Assim, o altar-mor, os revestimentos de mármore, as colunas, os arcos, as telas e até os afrescos ganharam nova casa – e talvez um novo significado –, deixando o centro da cidade e alcançando a periferia. Em 29 de outubro de 1937, a igreja de São José dos Carpinteiros foi incorporada à igreja Sagrada Família dos padres Josefinos e consagrada na presença do príncipe Umberto de Savoia.[44]

Mas não demorou muito para que a igreja, assim como o bairro recém-construído, sofresse seu revés. Durante a Segunda Guerra Mundial, uma bomba sacrificou os preciosos afrescos, e, a partir das vicissitudes do pós-guerra e do terremoto de 1980, outras obras desapareceram. Nos anos 1980, duas valiosas peças que representavam Maria e José, do escultor Merliano da Nola, dos anos 1500, foram emprestadas para uma mostra que aconteceu no Museu de San Martino. Do alto do bairro do Vomero, onde fica a instituição, e de onde se tem umas das vistas mais belas do Golfo de Nápoles, elas nunca mais saíram.

Estou sentada em um banco e observo os estuques do teto. Uma luz tímida entra pela cúpula e corta o espaço em duas partes, formando uma fenda. A jovem mulher a poucos bancos do meu se levanta, pega a sacola de plástico que tinha abandonado no chão e, com a cabeça baixa, atravessa a nave em direção à porta. Olho para trás e a vejo sair, ao mesmo tempo imagino entrar uma noiva sorridente de braços dados com o pai. Ferrante não erra em suas escolhas, a nostalgia é uma ilusão alimentada pelas próprias feridas. Há quem escolha deixar sangrar, e há quem prefira estancar.

---

[44] Umberto II de Savoia foi o último rei da Itália, reinando por apenas 34 dias em 1946 antes de a monarquia ser abolida. Ele foi uma figura controversa devido à sua breve e contestada ascensão ao trono durante um período de transição política crucial na história italiana. (N.E.)

O casamento de Lila é uma grande violência. Em *A história do novo sobrenome*, segundo volume da tetralogia, sua fotografia vestida de noiva é ampliada e colocada deliberadamente na parede da loja de calçados dos irmãos Solara, na Piazza dei Martiri. Mas em sua genialidade, Raffaella Cerullo perverte o painel e mutila sua imagem, retalhando-a e cobrindo parte dela com uma cartolina preta. Desaparecem cabeça, barriga e ficam um olho, uma mão, as pernas cruzadas. Os sapatos, símbolo da traição, ganham destaque, e linhas vermelho-sangue delimitam os cortes no corpo. Ela encontra uma maneira de apagar a imagem maculada do casamento feliz e o vislumbre de uma casa cheia de filhos. O ato de se autodestruir é uma tentativa de se reapropriar do corpo, tratado como mercadoria nas transações escusas entre Carracci e Solara. A fragmentação da imagem é um violentar a si para não ser violentada pelo outro. Pela primeira vez Lila se apaga. Assim, para não ser apagada.

> Ajudei-a a se enxugar, a se vestir, a pôr o vestido de noiva que eu – eu, pensei com um misto de orgulho e sofrimento – tinha escolhido pra ela. O tecido se tornou vivo, sobre sua candura correu o calor de Lila, o vermelho da boca, os olhos pretíssimos e duros. Por fim calçou os sapatos que ela mesmo desenhara. Pressionada por Rino, que, se não os tivesse calçado, sentiria como uma espécie de traição, escolhera um par de saltos baixos, para evitar parecer muito mais alta que Stefano. Olhou-se no espelho erguendo um pouco o vestido. "São feios", disse. "Não é verdade." Riu com nervosismo. "São sim, olhe: os sonhos da cabeça foram parar debaixo dos pés."[45]

---

45 E. Ferrante, *A história do novo sobrenome*, 2016, p. 313–314.

Ischia

"Enfim, os últimos dez dias de julho me deram uma sensação de bem-estar até então desconhecida. Experimentei algo que depois, ao longo de minha vida, se repetiu frequentemente: a alegria do novo. Tudo me empolgava: acordar cedo, preparar o café da manhã, tirar a mesa, passear por Barano, fazer o caminho de subida ou descida até Maronti, ler estendida ao sol, mergulhar, voltar a ler."
ELENA FERRANTE, *A amiga genial*

A ilha

Há sempre uma primeira vez – ela diz meio sem jeito enquanto eu puxo o cinto delicadamente em torno de sua cintura para ajudá-la. A mulher que está ao meu lado nunca viajou de avião, e eu nunca fui a Ischia. Pergunto se ela tem medo, ela me diz que não, e quando começamos a atravessar as nuvens, ela acha graça: "Parece algodão." Tenho uma hora de voo até Nápoles, mas desisto do livro que trouxe como companhia.

É a primeira vez que ela volta à sua idílica Sorrento desde que a deixou, há quatro meses, para viver em Pordenone, cidade rica e fria do norte da Itália. Trocar o belíssimo golfo azul, com casas que pendem das encostas, pela sobriedade das construções medievais é uma escolha insólita. Uma mulher do sul, na casa dos sessenta, deixar o conforto das manifestações de afeto efusivas para enfrentar o gélido aceno do italiano do norte é algo singular. Ela está nervosa, e não é medo de voar. É o incômodo de voltar pela primeira vez ao lugar onde nasceu e construiu sua vida.

A mulher me conta que em menos de um ano perdeu o pai e descobriu que seu companheiro por 26 anos mantinha, com parte da renda dos dois, outra família: mulher e três filhos. Ouviu do marido que nunca foi amada, que não era bonita nem interessante. Viu seu patrimônio, cinco apartamentos na costa sorrentina, herança do pai, ameaçado pelo agora ex-marido. Em oito meses vendeu o que podia, comprou uma casa nova a oitocentos quilômetros de Sorrento, longe do sol e do perfume de limão colhido no quintal de casa praticamente o ano inteiro.

Pela primeira vez, foi ao banco sozinha, falou com advogados, entrou em um tribunal, conheceu um cartório. No norte, pela primeira vez também, viu um homem lavar os pratos enquanto a mulher tirava a mesa. Comprou uma bicicleta e nos finais de semana faz pequenas excursões: piquenique na montanha, caminhadas em bosques e visitas a cidades históricas. Nesses momentos tem a companhia de um homem que está conhecendo. Me diz que a vida é imprevisível. Quando termina de contar sua história, já estamos quase aterrando em Nápoles. Do alto contemplamos Capri, Nisida, vemos o Vesúvio e sobrevoamos Ischia, e ela observa, pela janela, o golfo pela primeira vez em outra perspectiva.

Ischia é a ilha bucólica e selvagem que Elena Ferrante escolhe como cenário para algumas das melhores passagens da tetralogia napolitana. No primeiro livro, Lenu, ainda adolescente, parte para Ischia durante as férias escolares para ajudar Nella Incardo, prima da professora Oliviero, a receber os turistas que alugam os quartos de sua casa no verão. Ali, ela reencontra a família Sarratore e seu amor de infância, Nino. Era o ano de 1959. Seu corpo e sua alma são transformados pelo sol e pela liberdade. Pela primeira vez, ela atravessa as fronteiras do bairro, deixa para trás a dimensão da violência para encontrar um refúgio seguro e mergulhar em águas de cuja profundidade, mais tarde, ela terá noção.

O Molo Beverello, o porto de onde partem os barcos para as ilhas, ainda está cheio de turistas em meados de setembro. A balsa que vai para Capri está para zarpar, um marinheiro anuncia a iminente partida aos berros, e os turistas americanos correm esbaforidos, arrastando seus *trolleys* para não perder a viagem. Sou uma das primeiras a entrar, e me acomodo na parte de cima, disposta a encarar o vento para observar a paisagem. O porto, com seus navios de cruzeiro e o terminal de contêineres, vai ficando para trás enquanto o barco desliza no mar. É a primeira vez que vejo Nápoles por essa perspectiva: do alto, o Castelo Sant'Elmo e o bairro do Vomero parecem vigiar a cidade, que se distribui em camadas. O Palácio Real parece ainda maior, e o Castelo dell'Ovo é uma sombra marrom. De um lado vejo as cúpulas das igrejas e a Galeria Umberto I, do outro, os arranha-céus do Centro Direzionale, na região do Rione Luzzatti. O Vesúvio acompanha grande parte do trajeto.

Na descrição de Ferrante do momento em que Lenu deixa Nápoles em direção a Ischia, ela compara a cidade a um peso que a menina vê se afastar.

> Quando a balsa soltou do cais, me senti a um só tempo aterrorizada e feliz. Pela primeira vez eu saía de casa, fazia uma viagem, uma viagem por mar. O corpo largo de minha mãe – junto com o bairro, com a história de Lila – se afastou cada vez mais e se perdeu.[46]

Chego ao porto de Ischia no final da tarde e procuro o ônibus de linha que me levará a Forio, onde resolvi me alojar. Descu-

---

46 Ibid., p. 204–205.

bro que Ischia é muito maior do que eu pensava, são subidas e descidas intermináveis por uma paisagem de tirar o fôlego, em que o azul do mar se alterna com casas brancas que lembram a Grécia e uma vegetação rica e selvagem, formada por cactos, suculentas, oliveiras e bougainvilles. De natureza vulcânica, Ischia é um dos maiores centros termais da Europa, e atribuo a isso à quantidade de idosos italianos, franceses, holandeses e alemães que vejo circular.

Não é difícil encontrar a Pensione Di Lustro. O antigo edifício fica na frente do porto de Forio, em uma rua que também leva o mesmo sobrenome importante. Atravesso o corredor da entrada, depois de abrir a porta de vidro e madeira, e chego a um grande átrio iluminado e repleto de plantas. Não vejo ninguém, mas escuto um barulho vindo de uma porta que está aberta. Aproximo-me e noto uma mulher vestida de preto com um avental branco, que mexe as panelas em um fogão industrial. Na frente dela, sentada a uma mesa, está uma senhora de cabelos curtos e blusa amarela que me olha e cerra os olhos, como quem diz: não estou esperando ninguém, quem é você? Eu me apresento e digo que tenho uma reserva, e ela confessa, sem qualquer constrangimento, ter se esquecido de mim.

Giuseppina Di Lustro me dá a chave do quarto de número oito, e eu subo as escadarias que me conduzem ao último andar. Deixo minha mochila em cima da cama, troco de camisa e vou até o pequeno terraço com vista para o mar e para a cúpula da igreja de São Gaetano, onde um homem fala ao telefone e segura um livro cujo título não consigo identificar. Apoio-me no parapeito branco cândido enquanto Giuseppina estende as roupas no varal. Ela me pergunta de onde venho e se surpreende que eu tenha vindo a Ischia para ficar somente duas noites. Explico-lhe que tenho duas filhas pequenas e que não posso me ausentar de casa por muito tempo. Com olhar estarrecido, ela me diz: "Eu jamais deixaria duas filhas pequenas para viajar, que ótimo marido você tem." Fico incomodada, mas sem palavras, e me lembro imediatamente da minha companheira de viagem que conhecera horas antes – a senhora que trocou Sorrento por Pordenone e está descobrindo uma vida diferente do machismo do sul.

Nos anos 1950 e 1960, período em que Ischia aparece na história escrita por Elena Ferrante, a ilha selvagem e exótica era meta das famílias napolitanas em férias, pela proximidade da cidade, mas também dos artistas e intelectuais. As imagens desse período mostram duas faces da ilha: de um lado, as paisagens de tirar o fôlego ocupadas pelos moradores em vestes e modos simplórios. Do outro, o glamour das personagens do cinema: atores, atrizes, diretores. Ischia foi cenário de muitos filmes até os anos 1970. No acervo de fotografias do Archivio Fotografico Carbone,[47] Charlie Chaplin aparece ao lado da esposa Oona O'Neill e da atriz Dawn Addams.

É curiosa também a imagem que mostra o embarque, no porto de Nápoles, das caixas com os figurinos utilizados por Elizabeth Taylor em *Cleópatra* (1963), produção colossal em parte ambientada no Castelo Aragonese, em Ischia. O filme ficou conhecido como um dos mais caros da história do cinema e marcou também um grande escândalo no mundo do espetáculo, o envolvimento amoroso entre Liz Taylor e Richard Burton. O casal foi flagrado pelo fotógrafo italiano Marcello Geppetti no teto de um barco, em Ischia, e a imagem do beijo entre os dois teve uma imensa repercussão. Ambos à época eram casados. Poucos anos depois, na história de Ferrante contada no segundo

---

[47] Archivio Fotografico Carbone. Disponível em https://catalogo.archiviofotograficocarbone.it/carbone-web/?k.luoghi=%22Ischia%22. Acesso em 16 jun. 2024.

livro da tetralogia, Lila trai o marido Stefano Caracci se envolvendo com Nino Sarratore, o grande amor da amiga. A traição é consumada no mar de Ischia.

O ventre de Ischia

Lila parte para Ischia com um propósito: fortalecer-se para engravidar, aconselhada por um médico ao qual vai acompanhada pela mãe, a sogra e a cunhada. Seu corpo imaturo de menina não conseguia segurar um filho na barriga, e o sol e a água do mar facilitariam os planos da família para ela. Assim, alugam uma casa próxima à praia de Citara, e Lila convoca a amiga Lenu como uma espécie de dama de companhia.

O verão que passam em Ischia é marcado por episódios importantes que acentuam a construção de ambivalência no texto de Ferrante. A beleza que não existe em Nápoles finalmente se revela na paisagem da ilha, e a ausência dos homens truculentos do bairro autoriza uma certa leveza. É o grande retorno de Nino Sarratore à história, seu envolvimento com Lila e o primeiro rompimento de Lenu com sua história e origem. Depois da viagem, ela promete se afastar de Lila e do bairro, e acaba conquistando uma vaga na prestigiosa Escola Normal de Pisa, onde vive por três anos.

O sol já está baixo, mas do terraço da pensão vejo ainda muitas pessoas na praia aproveitando os últimos raios dentro da água. Dirijo-me ao centro de Forio, em busca da Piazza del Soccorso, de onde pretendo admirar o pôr do sol. Nas memórias de Lenu, esse é o lugar onde Nino Sarratore lhe promete mostrar uma paisagem inesquecível, enquanto mantém seus dedos entrelaçados aos dela. A praça fica em um mirante, onde desponta, no alto de uma rocha, uma igrejinha branca muito graciosa que se debruça no mar azul do golfo. Subo suas escadarias e noto os azulejos em majólica que ilustram cenas com personagens bíblicas e almas do purgatório se consumindo em chamas.

A Madonna del Soccorso, ou Nossa Senhora do Socorro, a qual a igreja é dedicada, é uma santa de devoção da ordem agostiniana, e seu culto tem início no século XIV, na cidade de Palermo, e se expande pelo resto da Itália, principalmente no sul do país. A tradição narra que uma mulher, impaciente com as travessuras do filho, em um momento de ira invoca o demônio para levá-lo embora. Vendo um ser monstruoso se materializar na sua frente, arrependida, pede ajuda a Nossa Senhora, que atende prontamente seu pedido. A imagem do altar mostra uma santa com um bebê no colo e um cajado nas mãos, pisoteando o demônio. Aos pés dela, protegido por seu manto, está o menino salvo, de braços abertos com o olhar dirigido ao céu.

Quem me conta a história é um senhor chamado Mario, que encontro na igreja orientando os funcionários de uma floricultura que estão ali para decorar o espaço para um casamento. Eu o abordo para questionar o porquê de tantos enfeites nas cores rosa e azul, que simbolizam o nascimento de uma criança, posicionados em um altar lateral. Ele me explica que o espaço é dedicado às mulheres que pedem ajuda divina para engravidar e conceber filhos saudáveis. "Elas vêm até Ischia em busca de tratamentos com águas termais, banhos de sol e de mar que combatem a infertilidade e a dificuldade de engravidar. Algumas delas voltam para agradecer e trazem um laço com o nome da criança", ele me diz, mostrando um laço de fita azul de um bebê chamado Matteo.

A vocação da ilha para tratamentos terapêuticos contra a infertilidade tem também uma fundamentação na mitologia. A praia de Citara, onde fica a casa alugada pelos Carracci na tetralogia, teria seu nome relacionado à ilha de Citera, lugar de nascimento de Vênus, ligada à fertilidade. No mito, a deusa se apaixona por Adônis, mas Ares, um de seus amantes, enfurecido, ordena que um javali ataque o rival. Quando morre, Adônis se transforma em uma anêmona e é levado ao mundo inferior, onde encontra Perséfone, que passa a disputá-lo com Vênus. Assim, é decidido que Adônis passaria seis meses no submundo e seis meses na Terra, dividindo-se entre as duas deusas, o que o relaciona à agricultura e ao ciclo da natureza, assim como o próprio mito de Perséfone, citado anteriormente. Vênus, ferida pela morte de Adônis e pelas novas condições do relacionamento dos dois, teria derramado suas lágrimas onde posteriormente surgiram as fontes de água termal de Citara. Acredita-se que nesse lugarejo havia um templo dedicado a Vênus. Uma escultura da deusa, encontrada na praia, em 1752, em péssimas condições – e que depois foi destruída – é o maior indício da existência do templo.

Mas são os estudiosos que analisam a origem vulcânica da ilha e as nascentes termais cientificamente relacionadas ao tratamento contra a infertilidade. O médico calabrês Giulio Jasolino (1538–1622) escreveu o primeiro tratado de hidrologia médica, baseando-se nas pesquisas realizadas em Ischia. Ele reuniu suas descobertas em um livro escrito em latim, traduzido para o italiano por insistência de suas pacientes e publicado em 1588, em Nápoles. Jasolino mapeou a ilha e suas fontes termais, indicando os melhores lugares para o tratamento de cada doença.

O livro, intitulado *De rimedi naturali che sono nell'isola Pithaecusa, hoggi detta Ischia*[48] é composto de duas partes. Na primeira, o médico reflete sobre a fundação de Ischia sob a

---

48 Giulio Jasolino, *De rimedi naturali che sono nell'isola Pithaecusa, hoggi detta Ischia* [Dos remédios naturais que existem na ilha de Pithaecusa, hoje chamada de Ischia], Nápoles: Giuseppe Cacchi, 1588. Consulta feita na Biblioteca Nazionale Marciana, Veneza.

ótica de antigos autores e estudiosos, como Virgílio e Giovanni Boccaccio, que citam o mito de Tifão, o gigante que personifica alegoricamente as forças vulcânicas. Na segunda parte, Jasolino relaciona as fontes termais aos tipos de doenças que elas poderiam combater. Sobre Citara, ele relata que suas águas ajudavam as mulheres com problemas de infertilidade, além de aumentar a produção de leite nas puérperas. Os benefícios se estendiam aos homens, que, ao se tratarem nas termas, sanavam problemas de impotência e melhoravam a qualidade de seu sêmen. No livro, Jasolini sugere também o período ideal para os banhos em Citara, do início da primavera até a metade do verão.

A fama das águas fecundas das termas de Citara teria trazido a Ischia, segundo os locais, a rainha Elena, consorte do rei Vittorio Emanuele III di Savoia. Era o início do século XX, e o casal completava quatro anos de união sem um herdeiro, causando tensão na casa Savoia. A escolha de Elena, uma princesa eslava, de ser mulher de Vittorio Emanuele III foi motivada por um receio recorrente entre as famílias nobres europeias: o nascimento de filhos com deficiências, já que os casamentos eram realizados entre parentes. A demora para engravidar era preocupante, e Elena, uma mulher jovem e muito alta (na Itália era chamada de giganta eslava) desembarcou em Citara no verão de 1900 em um navio militar. No ano seguinte, nasceu Iolanda, a primeira de seus quatro filhos.

Na história de Ferrante, Ischia é o lugar que revira o corpo das mulheres, como se as entranhas da ilha obedecessem à fúria de sua origem vulcânica. A ilha parece representar uma espécie de violação. Para Lila, a primeira ruptura acontece quando aceita o dinheiro de Dom Achille e compra o livro *Mulherzinhas*[49] ("a

---

[49] Louisa May Alcott, *Mulherzinhas*, trad. Diogo Raidorogsky, São Paulo: Martin Claret, 2019.

partir daquele momento, sempre errei em tudo"),[50] a seguinte se concretiza em Amalfi, com imensa violência, quando na noite de núpcias é estuprada pelo marido Stefano Carracci. Ischia é o lugar onde se entrega à impetuosa relação com Nino Sarratore e deixa seu corpo deslizar no mar, com confiança, em braçadas precisas e respiração ritmada.

Lenu, por sua vez, sofre uma violação em sua primeira temporada em Ischia, um dia depois de completar quinze anos. Donato Sarratore, o pai de Nino, a surpreende na cozinha da casa de Nella Incardo e abusa sexualmente dela, tocando seu corpo e a beijando. É um momento em que a ambivalência se revela com grande força na narração de Lenu: "Eu não disse, não fiz nada, estava aterrorizada com aquele comportamento, tomada pelo horror que me causava, pelo prazer que apesar de tudo sentia."[51] Sobre o evento traumático ela consegue falar pela primeira vez, muitos anos depois, já na velhice, quando escreve a história de sua vida e de Lila.

Com o mapa da ilha na mão, saio cedo da Pensione Di Lustro e pego o ônibus que me deixa no lugarejo de Sant'Angelo. Meu destino é a praia dos Maronti, lugar onde acontecem episódios importantes do livro. Tenho pela frente alguns quilômetros de trilha, que me permitem conhecer um pouco da Ischia dos tempos de Lila e Lenu. A paisagem de figueiras da índia e arbustos, salpicada em alguns pontos de bougainvilles roxos e alaranjados, conserva a aura genuína atribuída a Ischia. Na estradinha de terra, cruzo com poucos turistas, vejo algumas plantações e cavalos pastando. O caminho, feito de longas subidas e descidas, permite observar em alguns pontos a praia dos Maronti, a mais extensa da ilha.

---

50 E. Ferrante, *História do novo sobrenome*, 2016, p. 42.
51 E. Ferrante, *A amiga genial*, 2015, p. 228.

Chego finalmente ao primeiro trecho de areia e troco os tênis pelos chinelos que carrego na mochila. Um cartaz aponta que estou na praia das Fumarolas, onde a temperatura da areia pode chegar até cem graus centígrados. O fenômeno acontece em regiões vulcânicas, onde se encontram reservas subterrâneas de água que emitem gases e vapores pelas fendas das formações rochosas. Os estudiosos acreditam que em Ischia essas reservas podem chegar até 3 mil metros de profundidade. Na sabedoria popular, a fumaça que sai da areia seria a respiração de Tifão; para a medicina, a areia escaldante e a lama formada pela argila banhada nas águas termais tratam o corpo e aliviam a dor. A lembrança remota que Lenu tem do mar, antes de sua ida a Ischia, é um relato da mãe, que a levava consigo quando buscava a cura de sua perna defeituosa, enterrando-a na areia da praia.

O magnetismo dos Maronti parece levar Ferrante a criar o cenário para um acontecimento que terá desdobramentos importantes na tetralogia. É na areia granulada da praia que Lenu perde a virgindade com Donato Sarratore, poucos anos depois de ser abusada por ele. O evento serve de inspiração para que ela escreva mais tarde, quando estudante em Pisa, seu primeiro romance, no qual discorre sobre o fato. A decisão de elaborar a primeira experiência sexual em um livro acontece quando Lenu se recorda, com repugnância e incômodo, do verão em Ischia. Esses sentimentos se contradizem, porém, na descrição que ela faz nas páginas da tetralogia da fatídica noite. "Sua boca era quente e úmida, a acolhi na minha com crescente gratidão, tanto que o beijo se tornou cada vez mais longo, a língua roçou a minha, empurrou-a, afundou em minha boca. Me senti melhor."[52] Elena descobre naquele momento que dentro de si

---

52 E. Ferrante, *História do novo sobrenome*, 2016, p. 291.

existia um eu oculto que "estrato após estrato, abandonou todo esconderijo". Do ventre de Ischia nasce uma nova Lenu.

Com quantas letras se escreve Ischia

Quando Lenu chega a Ischia, em 1959, traz consigo na mala poucos vestidos, o maiô costurado às pressas pela mãe e livros. São eles que lhe fazem companhia no terraço da casa de Nella Incardo, na praia e nas noites solitárias. Em sua segunda temporada na ilha, descrita no volume *História do novo sobrenome*, os livros também ganham destaque especial em conversas acaloradas sobre os textos teatrais de Samuel Beckett e em referências a Chabod e ao livro sobre Hiroshima, escrito por John Hersey.

A escolha da ilha como cenário para passagens importantes da tetralogia pode estar relacionada à presença de grandes escritores, que se entregaram à sua beleza selvagem para compor contos, reportagens e poemas. O povoado de Sant'Angelo, na parte sul da ilha, por exemplo, foi refúgio do poeta Pablo Neruda em seu período de exílio na Itália. Em 1952, ele passou alguns meses com sua terceira esposa, Matilde Urrutia, em Ischia, onde escreveu o poema "O homem invisível", que abre o livro *Odes elementares*,[53] publicado em 1954.

Quase um século antes, o dramaturgo norueguês Henrik Ibsen passou uma primavera na ilha. Em sua obra mais conhecida, *Uma casa de bonecas*[54] (1879), drama sobre a hipocrisia e as convenções sociais da época, a personagem Nora Helmer

---
[53] Pablo Neruda, *Odes elementares*, trad. Luís Pignatelli, São Geraldo: Dom Quixote, 1999.
[54] Henrik Ibsen, *Uma casa de bonecas*, trad. Leonardo Pinto Silva, Belo Horizonte: Moinhos, 2019.

contrai uma dívida para levar o marido adoentado até o sul da Itália, onde recebe tratamento e se salva. Ibsen circulou nesse período entre Roma, Sorrento e Ischia, finalizando a peça em Amalfi, em 1879. É curioso pensar como o sul da Itália é mais uma vez representado como um lugar de cura, onde as pessoas buscam alívio para suas dores físicas e emocionais.

As belezas naturais e o inestimável patrimônio histórico e artístico da península italiana capturaram, a partir do século XVII, a atenção da aristocracia europeia, que começou a enviar seus filhos ao país. Era um rito de passagem em que os jovens tinham a chance de complementar sua formação e entrar em contato com o que até então só tinham estudado pelos livros. O Grand Tour, como essas viagens ficaram conhecidas, podia durar meses ou anos, e o interesse principal, além, é claro, de uma clara demarcação social, era a aproximação com a produção artística do período renascentista e com a Antiguidade Clássica. O sul da Itália era a principal meta para os estudos sobre a cultura greco-romana. Existem muitos relatos de viajantes, homens e mulheres, que preencheram as páginas de seus diários com palavras elogiosas e curiosas em relação à experiência. Os escritores, já à época afirmados, deixaram testemunhos interessantes da sociedade.

Mary e Percy Shelley tiveram uma vida itinerante e passaram parte de seu tempo na Itália, para onde vieram em 1818, acompanhando Claire, a meia-irmã de Mary, que dividia a criação da filha com o pai da menina, o poeta Lord Byron, morador de Veneza. O casal buscava também um lugar com clima ameno que beneficiasse a saúde de Percy. *Frankenstein*[55] acabara de ser publicado de forma anônima, e mesmo que alguns críticos atribuíssem o romance ao marido, a genialidade de Mary, à época

---

55 Mary Shelley, *Frankenstein*, trad. Márcia Xavier Brito, São Paulo: Darkside, 2017.

uma jovem de vinte anos, estava clara no livro. A saída da Inglaterra, exatamente naquele período, impediu que Mary Shelley pudesse desfrutar do sucesso de sua grande obra. Além disso, uma vida marcada por tragédias pessoais (Mary perdeu dois filhos pequenos na Itália) e a convivência com um escritor notável diminuíram suas possibilidades de ter seu trabalho reconhecido. No livro *In Search of Mary Shelley: the Girl Who Wrote Frankenstein*[56] [À procura de Mary Shelley: a garota que escreveu Frankenstein], Fiona Sampson, biógrafa de Shelley, pontua que, por mais que a escritora se empenhasse na pesquisa e escrita de novos livros, nenhum de seus romances sucessivos a *Frankenstein* tiveram a mesma repercussão. As obrigações familiares, que aumentaram com o nascimento de mais um filho, impediram-na de se concentrar na produção dos livros.

Mary Shelley termina de escrever *Mathilda*[57] três dias antes de parir Percy Florence, em 1819, mas o romance não agrada nem o marido, nem seu pai, já que a temática tratava de uma relação incestuosa entre um pai e uma filha. O livro será publicado postumamente, mais de um século depois, em 1959. No período em que viveram na Itália, Mary e Percy Shelley passaram três meses em Nápoles, em uma casa na Riviera di Chiaia, e visitaram o Vesúvio, Pompeia, a tomba de Virgílio e provavelmente Ischia.

Obcecado pela Itália a ponto de se autodenominar milanês e pedir que a designação constasse em sua lápide, o escritor francês Stendhal descreve, em um livro-reportagem chamado *Rome, Naples et Florence*[58] [Roma, Nápoles e Florença], o trajeto de quatro horas que fez de Nápoles até Ischia. Da ilha ele

---

56 Fiona Sampson, *In Search of Mary Shelley: the Girl Who Wrote Frankenstein*, Londres: Profile Books, 1996.
57 M. Shelley, *Mathilda*, trad. Bruno Gambarotto, São Paulo: Grua, 2015.
58 Stendhal, *Rome, Naples et Florence*, Paris: Gallimard, 1987.

se recorda a atmosfera campestre, o dialeto dos moradores, os vinhedos e as galinhas que ajudava a tratar.

Elsa Morante também deixou suas impressões sobre Ischia. Em Procida, a ilha vizinha, a escritora romana, em 1955, começou a escrever seu romance A ilha de Arturo (1957), que lhe rendeu o prêmio Strega de 1957, o primeiro conquistado por uma mulher. Em Ischia, Morante frequentava o famoso Bar Internazionale de Forio, reduto dos intelectuais da época. O estabelecimento pertencia a uma figura lendária da cidade, Maria Senese, mulher muito simples e inteligente que entendeu como oportunidade a presença dos artistas e escritores desembarcados em Ischia em busca de inspiração e descanso no pós-guerra.

Nas fotografias da época, Maria é uma senhora de baixa estatura, cabelos curtos pretos e volumosos com uma franja que cobre a testa. Na maioria delas, aparece de vestido, tamancos e avental, e sorri com seus dentes bem separados. Maria Senese era uma espécie de anfitriã dos forasteiros na ilha, intermediando as conversas entre os artistas que costumavam passar longos períodos em Forio e os moradores da cidade, que alugavam suas casas. Ela consolidou uma forte amizade com o poeta inglês W. H. Auden e seu companheiro Chester Kallmann, os quais passaram o período do verão em Ischia durante toda a década de 1950. Dos pintores, Maria recebia quadros; e dos escritores, poesias, como as deixadas por Auden e por Morante.[59]

---

59 *"Alla cara Maria, la caffettiera./ Fra le isole belle/ Una bella più bella/ Fra le piazzette amate/ Tra i caffè più ospitali/ il più ospitale: /Caffè Internazionale di Forio./ E alla cara Maria, la caffettiera/ fra tutte bella e amata/ ospitale e galante/ resti qui da stasera/ questo mio ricordo."* [À querida Maria, a cafeteira. / Entre as ilhas bonitas / Uma bella mais bela / Entre as praças amadas / Entre os cafés mais acolhedores / O mais acolhedor: / Caffè Internazionale di Forio. / E à querida Maria, a cafeteira /

Ilha de Ischia, anos 1960.

Hoje, o Bar Internazionale conserva pouco da atmosfera das fotos antigas. Ocupa ainda o mesmo lugar central, na praça principal de Forio, em frente a uma fonte de aparência singular. O letreiro o define como Wine Bar & Restaurant, mas o nome Caffè Internazionale sobrevive ao lado da marca do bar, uma silhueta da cabeça de Maria Senese. Nas portas de madeira, de um azul muito brilhante, estão algumas fotografias que mostram como era o lugar nos anos 1950, a mesma época em que se passa a história da Elena Ferrante.

Entre junho e agosto de 1959, Pier Paolo Pasolini[60] fez uma longa viagem pela *lunga strada di sabbia* [longa estrada de areia], percorrendo toda a costa ocidental da Itália em direção ao sul, para depois voltar ao norte pela costa oriental. O trajeto foi feito a bordo de uma Fiat Millecento, modelo histórico da casa automobilística italiana, e a viagem lhe foi confiada pela revista *Successo*, que à época quis traçar um panorama da Itália do *boom* econômico e do fortalecimento do turismo balnear após os

A mais bonita e amada de todas / Acolhedora e gentil / Permaneça aqui a partir desta noite / Esta minha lembrança.] (Elsa Morante, tradução livre).
"*Il Bar Internazionale/ How serene and jolly is to sit/ here Round a table under the stars of summer,/ Laugh and gossip over wine or stregas/ Brought you by Vit/ But when Beauty passes, remember, Stranger,/ In a corner there, inescapambe a/ Death or tales, nothing your going – on, the,/ Eyes of Gisella./ Yankee, Liney, Kraut, Foriano,Roman/ Ladyes, Gentlemen, and the third sex, join me,/ Raise your glasses, drink to our Hostless crying:/ 'Viva Maria'!*" [Como é sereno e alegre sentar-se aqui / Ao redor de uma mesa sob as estrelas do verão, / Rir e conversar sobre vinho ou licores / Trazidos por Vit. / Mas quando a Beleza passa, lembre-se, Estranho, / Em um canto ali, inevitavelmente, / A Morte ou contos, nada de sua vida em andamento, / Os olhos de Gisella. / Ianque, italiano, alemão, florentino, romano, / Senhoras, Senhores e o terceiro sexo, juntem-se a mim, / Levantem seus copos, bebam às lágrimas de nosso Anfitrião ausente. Viva Maria!] (W.H. Auden, tradução livre)
60 Pier Paolo Pasolini foi um cineasta e intelectual italiano que dirigiu filmes notáveis, como *Mamma Roma* (1962), *Teorema* (1968) e *O evangelho segundo São Mateus* (1964). (N.E.)

difíceis anos de reconstrução. Pasolini foi acompanhado do fotógrafo Paolo di Paolo, que sugeriu o título da reportagem, *La lunga strada di sabbia [A longa estrada de areia]*, em alusão ao esforço e à dificuldade dos italianos em chegar a um estado mínimo de estabilidade e prazer. As imagens da viagem são belíssimas e retratam um país marcado pelas suas tradições, mas com o vislumbre de um futuro.

Pasolini chega a Ischia em julho e se hospeda no Hotel Savoia, no povoado de Casamicciola. Em suas anotações, no papel timbrado do hotel, revela seu estado de espírito:

> Estou feliz. Há muito não podia dizer: e o que é que me dá este íntimo, preciso senso de alegria, de leveza? Nada. Ou quase. Um silêncio maravilhoso me circunda: o quarto do meu hotel, em que estou há cinco minutos, dá para um grande monte, verde, verde, algumas casas modestas, normais.[61]

Entre suas impressões sobre a ilha e seus moradores, Pasolini descreve também um encontro com o famoso diretor de cinema Luchino Visconti, que lhe conta com um certo orgulho ter sido um dos primeiros a descobri-la.

Mas o escritor que melhor retratou Ischia e deixou um belo testemunho da ilha foi Truman Capote, que passou quatro meses em Forio, em 1949, com seu companheiro Jack Dunphy. Aos 25 anos, Capote era uma jovem promessa do jornalismo e da literatura estadunidense, e seu talento, que anos depois seria celebrado com a publicação de *Bonequinha de luxo*[62] (1958)

---

61 Pier Paolo Pasolini, *La lunga strada di sabbia*, Milão: Guanda, 2017 [tradução livre].
62 Truman Capote, *Bonequinha de luxo*, trad. Paulo Henriques Britto, São Paulo: Companhia das Letras, 2011.

e *A sangue frio* (1965),[63] suas obras mais famosas, já era evidente no relato sobre Ischia. "Esqueci o que me trouxe aqui: Ischia. Era um lugar muito comentado, embora pouca gente tenha realmente conhecido – exceto, talvez, como sombra azul dentilhada, avistada do alto de sua vizinha famosa, Capri."[64] Anos antes de inaugurar uma nova era para a literatura com a publicação de *A sangue frio*, livro sobre um crime, considerado uma das primeiras peças do jornalismo literário, curiosamente Capote menciona no relato sobre Ischia uma tragédia com detalhes macabros ocorrida dois anos antes de sua chegada. Um avião que fazia a rota Cairo-Roma se chocou contra o Monte Epomeo, e três sobreviventes foram mortos a pedradas por pastores que queriam saquear os destroços.

Capote visita uma Ischia onde a eletricidade ainda não havia chegado, rebanhos de cabras eram conduzidos por pastores, e a viagem entre um povoado e outro era feita em carroças puxadas por cavalos. Acompanhados por uma dessas carroças, Capote e Dunphy chegam a Forio em um dia frio de março, em meio a um crepúsculo esverdeado, e batem à porta de um dos únicos hotéis dali: a Pensione Di Lustro. É a mesma que setenta anos depois eu escolho para me alojar. Foram recebidos pela jovem Gioconda, mãe de Giuseppina e Maria Teresa, as duas mulheres que encontro na cozinha da pensão em minha chegada. Na peça do escritor sobre Ischia, Gioconda se torna uma personagem, descrita deliciosamente como uma linda menina – à época com 19 anos – que tinha uma vida dura trabalhando como garçonete e arrumadeira da pensão. Capote passava bons momentos com

---

[63] T. Capote, *A sangue frio*, trad. Paulo Henriques Britto, São Paulo: Companhia das Letras, 2012.
[64] T. Capote, *Os cães ladram*, Porto Alegre: L&PM, 2014, p. 76.

Gioconda, testando receitas de bolos e conversando – ela não falava inglês e nem ele italiano – no mesmo átrio onde encontrei suas filhas. "Gioconda não fala inglês, e meu italiano é – bem, deixa pra lá. Mesmo assim, somos confidentes. Com mímica e o uso extravagante de um dicionário bilíngue, conseguimos dizer muita coisa – por isso os bolos dão sempre errado: nos dias sombrios sentamo-nos na cozinha-pátio, experimentando receitas de massas norte-americana."[65]

O registro fotográfico do período que Capote e Dunphy passaram na ilha mostra que pouca coisa mudou na Pensione di Lustro. O átrio repleto de plantas que emoldura os dois jovens sorridentes mantém o aspecto. O pátio em que passam seu tempo desafiando Gioconda na cozinha tem cheiro de bolo de manhã bem cedo e de molho refogado no final da tarde. Os quartos ocupados pelos escritores ainda estão lá: Truman ficava no número três; e Dunphy, no número dois. O terraço, de onde se avista o mar e a igreja de São Gaetano, é o mesmo onde Capote promovia festas para as quais convidava amigos e os pescadores da ilha.

Às oito horas em ponto desço até a sala de jantar. As paredes espessas do palácio seiscentista têm uma cor peculiar: um rosado quente e aconchegante que acolhe quadros de paisagens de Ischia. Os móveis são antigos, mas não existe qualquer sensação de decadência, a Pensione di Lustro parece casa de vó. Pina, a jovem ajudante das irmãs di Lustro, arruma as mesas com simpatia: talheres, copos, o cestinho de pão, enquanto escuto, vinda da cozinha, a vinheta de abertura do telejornal. Aos poucos chegam os outros hóspedes, e a sala de jantar se torna um lugar de encontros. Percebo que todos se conhecem e frequentam há anos a pensão. Duas amigas na faixa dos sessenta contam que foram

---

[65] Ibid., p. 78.

conhecer Procida e que o aplicativo do celular aponta que caminharam dezesseis quilômetros. Giovanna, a mulher que está na mesa ao lado, é proprietária de um centro de beleza na cidade de Brescia, e me diz que há quinze anos separa duas semanas do mês de setembro para visitar Ischia. Susanna, que está com o marido alemão, conhece Giuseppina desde menina.

Maria Teresa prepara um jantar à base de peixe e frutos do mar. Os anéis de lula mergulhados no molho de tomate vêm acompanhados de batatas cortadas em fatias com cebolas, como há muito eu não via. As porções são generosas, mas nada se compara à época de Truman Capote, quando eram servidos cinco pratos acompanhados de vinho, no almoço e no jantar. Depois de receber muitos elogios, Giuseppina passa pelas mesas entregando a cada um dos hóspedes sorvete de limão e confeitos do mesmo sabor. Enquanto Pina retira os pratos, espero que os outros hóspedes continuem sua programação. Susanna e o marido alemão se encaminham para um passeio à beira-mar. Giovanna se junta às duas amigas para um drinque no Bar Internazionale.

Finalmente estou sozinha com Giuseppina e a impressão negativa do nosso primeiro encontro já é coisa do passado. Pergunto há quantos anos a família dela leva adiante a pensão, e ela começa um longo discurso: "*Signò*,[66] esta pensão arruinou a nossa vida, eu tenho 71 anos e trabalho aqui desde menina, acordo cedo, arrumo tudo, vou dormir tarde e no dia seguinte a mesma coisa. Não vi meus filhos crescerem. Meu pai abriu esta pensão nos anos 1930. A senhora sabe, não é, que o escritor Truman Capote já esteve aqui? Pois então, ele era gay e estava com o companheiro, minha mãe tinha dezenove anos, ela era linda",

---

[66] Abreviação da palavra *signora*, ou seja, senhora, no linguajar popular da região da Campânia.

me diz mencionando um retrato de Gioconda feito por um pintor alemão, " mas há dois anos ela não trabalha mais, ficou paralisada por uns tempos depois de ter tomado a vacina da covid-19 Minha irmã Maria Teresa e eu tivemos de assumir tudo, ela ficou com a cozinha e eu com o resto. Veja bem, *signò*, eu e meus irmãos, todos nós frequentamos a universidade em Nápoles, mas não é uma cidade para nós, sempre voltamos para Ischia, nossa casa é aqui. Um dos meus filhos estudou na (universidade) Bocconi, em Milão, *signò*, e está aqui, em Forio, sabe o bistrô da praça? É dele. *Signò,* Ischia é a nossa vida, essa pensão é a nossa vida."

Gioconda hoje está com 92 anos, vive em um apartamento no mesmo edifício da pensão. Está bem, tem certa autonomia e é lúcida. Já que não posso vê-la, peço a Giuseppina que me mostre o tal quadro do pintor alemão em que Gioconda aparece jovem e bela, como a descreve Truman Capote em seu relato sobre Ischia. "Venha, venha, *signò*!", e me acompanha até a sala ao lado. O retrato de Gioconda está no canto direito da parede, uma mulher com cabelos e olhos pretíssimos, batom vermelho e olhar tranquilo. À esquerda, um quadro do mesmo autor mostra uma menina vestida com uma camisola branca que olha com desconfiança para o retratista. "Esta sou eu, *signò,* eu devia ter uns seis anos de idade." Nesse momento, consigo capturar um pouco da doçura que existe em Giuseppina e percebo que a nostalgia lhe faz bem. Aproveito então para perguntar sobre o velho registro da pensão, da época de Truman Capote, e ela abre a gaveta do móvel antigo onde guarda os talheres e pratos, e tira lá de dentro um grande livro marrom de capa dura. Na primeira página, um selo com valor de cinco libras atesta que a hospedaria funciona regularmente e que o registro reúne o nome de todos os hóspedes a partir de 20 de setembro de 1941. Giuseppina folheia o livro com entusiasmo, procurando o ano de 1949. Encontramos juntas o nome de Truman Capote, é o hóspede de número 591, nascido em Nova Orleans e morador da 1060 Park Avenue, em Nova York. Na linha superior está o nome de Jon Paul Dunphi (grafia original) e pouco abaixo, Williams Thomas Lanier, mais conhecido como Tennessee Williams. Giuseppina me mostra recortes de jornais e uma foto de Capote e Dunphy sorridentes, e reconheço nela a sacada que está acima de nossas cabeças. Truman Capote relata um fato interessante do momento de sua chegada em Ischia: "Na confusão do desembarque deixei cair meu relógio, que quebrou – um momento descaradamente simbólico, óbvio demais: bastava um olhar para ver que Ischia não era lugar para pressa, ilhas nunca são."[67] Vendo sua foto na Pensione Di Lustro na primavera de 1949, tenho também a impressão de que o tempo parou.

Mas já passa das dez, e é hora de se recolher na Pensione Di Lustro. Entre o jantar e minha conversa com Giuseppina foram-se duas horas. Entre 1949 e 2022 foram-se 73 anos. Os 19 anos de Gioconda hoje são 92. Ela, que chegou a todos os cantos do mundo onde os romances de Capote foram traduzidos, mesmo sem nunca ter saído de Ischia. A literatura a torna eterna, assim como ela faz com personagens tão fortes quanto Lila e Lenu.

O escritor

Estou sentada à mesma mesa da noite anterior. Quando chego, encontro tudo pronto: prato, talheres e a garrafa com o resto da água que não bebi no jantar. Giuseppina está vestida com a mesma blusa amarela, e Pina chega com uma sacola de papel

---

[67] T. Capote, op. cit., p. 77.

branca na qual presumo estarem os brioches. A chave pesada do quarto deixa um cheiro de metal nas minhas mãos, que é eliminado pelo álcool e pelo perfume do café. Minhas companheiras de hospedaria ainda estão dormindo. Os únicos na sala de refeições somos eu e um senhor vestido em modo elegante. Já passa das oito, mas para Giuseppina parece não existir diferença entre o dia e a noite. Seus olhos lacrimejantes demonstram o cansaço acumulado de uma temporada esticada, em um dos anos mais quentes da Itália dos últimos dois séculos.

Enquanto me traz um prato com uvas, ela faz perguntas sobre minha vida: onde estudei e se meus pais são italianos. Descobrimos que uma de suas netas tem a mesma idade da minha primeira filha, e eu tenho a mesma idade de um dos seus filhos. Enquanto ela faz o trajeto entre a sala das refeições e a cozinha, trazendo os doces preparados pela irmã, o homem elegante me olha e diz: "Seu sotaque é impressionante, você parece uma nativa do Vêneto, o que te traz a Ischia?" É uma pergunta que ninguém ainda tinha feito, e respondê-la me coloca em um lugar de desconforto. Vim fazer uma pesquisa, estou visitando os lugares em que se passa a história de um livro de que gosto muito, a tetralogia napolitana, de Elena Ferrante. Os olhos dele se iluminam, e ele esboça um sorriso divertido: "Elena Ferrante? Você sabe quem é Elena Ferrante, não sabe?" "Sim, eu acho que sim", respondo titubeante sem pronunciar o nome de Anita Raja, a tradutora napolitana de origem alemã que muitos acreditam ser a escritora ausente. "A Ferrante? Eu a conheço há mais de cem anos! Trabalho no mercado editorial há muito tempo, sou de Roma e conheço muita gente." A minha incredulidade dura até o momento que me dou conta que estou na pensão onde se hospedou Truman Capote, em uma ilha que serviu, e serve, de inspiração para quem trabalha com as palavras. É completamente aceitável que escritores frequentem o local. Ainda assim, é difícil acreditar que estou diante de uma pessoa que conhece Elena Ferrante, seja ela quem for. Fico sem palavras. O homem se levanta, pega seu *trolley* e se dirige ao átrio-recepção das irmãs Di Lustro; ele tem pressa de fechar a conta e ainda pegar o barco das 9h15. Eu não posso não falar com ele e o sigo. Enquanto espero, ele salda seu débito, agradece Giuseppina e elogia a comida de Maria Teresa. "Você pode cumprimentar a Elena Ferrante por mim, por favor?", é a única coisa que consigo dizer. O homem solta a alça da mala e me responde:

Tem muitos anos que não falo com ela, nem com o marido. Na verdade, nos anos 1990, seus editores tinham o projeto de produzir uma revista literária, com a participação dos dois, e eu também fui convidado para integrar a redação, mas a ideia não foi pra frente, e outras coisas acabaram acontecendo; isso tem tempo, muita coisa mudou, e eles se tornaram conhecidos praticamente no mundo inteiro. Confesso a você que, no caso dele, me surpreendeu muito que tenha se tornado um escritor de sucesso, ele escrevia sobre escola e educação no [jornal] Il Manifesto, *e seus primeiros livros tinham uma veia um pouco cômica, eu não dei muito crédito. Ela, por sua vez, oferece exatamente o que os anglo-saxões e as pessoas do resto do mundo onde seus livros chegaram esperam de uma escritora italiana: a descrição da Itália que todos eles imaginam, com os aspectos da tradição e da cultura popular, principalmente do sul do país. Só que ela faz isso com grande qualidade literária e sofisticação.*

O escritor que está na minha frente mas para mim ainda é anônimo me diz que a opção de Ferrante por ser uma autora ausente é admirável, algo que ele respeita muito. E me conta que – mesmo em cima da hora para pegar o barco –, no dia em que visitou uma pequena livraria em um lugarejo da Noruega e viu um livro de Ferrante, ali ele entendeu que ela era universal. Ele me cumprimenta com gentileza, deseja boa sorte na minha pesquisa e sai arrastando o *trolley* pelo átrio da Pensione Di Lustro. Espero que ele desapareça na entrada do porto e procuro por Pina. "Quem é esse senhor que acabou de ir embora?" Ela me diz sorridente se tratar de um escritor famoso e cliente importante, o senhor Mario Fortunato. Agora que ele tem um nome, posso procurar por seus livros. Eu o encontrarei novamente lá."[68] Mas agora eu preciso ir embora, voltar para as duas filhas que me esperam em casa, mesmo me sentindo acolhida pelas águas terapêuticas de Ischia e capturada pelas coincidências felizes. Aproveito as últimas horas para caminhar pelo centro de Forio, é uma manhã bonita, mas as primeiras horas do dia são sempre acompanhadas por um vento frio, até mesmo no fim do verão. Sigo para a via Roma, onde fica o Palazzo Cigliano, que foi usado na segunda temporada da série da HBO como a casa de férias de Bruno Soccavo, o amigo rico de Nino Sarratore. É um edifício bonito, grande e branco, com janelas verdes e uma torre com uma varanda pontuda. É ali que Nino aparece ao ouvir o chamado de Lenu. Ela está ali para comunicá-lo que na manhã seguinte Lila retornaria para Nápoles com o marido e que a história de amor dos dois deveria terminar. Mas não é o que acontece.

No alto da torre do Palazzo Cigliano, a escultura de um anjo sustenta uma faixa com as palavras *Similia similibus,* expressão que indica o princípio fundamental da homeopatia: "os semelhantes curam-se pelos semelhantes." A casa pertencia a Tommaso Cigliano, um importante homeopata italiano do final do século XIX. Na série, a sentença na fachada do palácio foi apa-

---

[68] Idem.

gada, mas ela poderia estar lá. Pensando na Lei dos Semelhantes, que diz que as substâncias existentes na natureza podem curar os mesmos sintomas que são capazes de produzir, é interessante refletir sobre a relação de interdependência entre Lila e Lenu. Meu passeio se estende até a via Torrione, onde fica a torre que é símbolo de Forio, e que no passado era um ponto estratégico de defesa contra os invasores. É uma rua estreita aonde o vento não chega, e posso aproveitar o silêncio observando as maiólicas e as flores que enfeitam as casas. Chego a um antigo edifício no final da rua, a poucos metros da praia, e o número 42 me confirma que estou diante do Palazzo Covatta. Aqui, entre 1945 e 1949, cumpriu seu exílio Rachele Guidi, mais conhecida como *donna* Rachele, a viúva de Benito Mussolini. Depois da morte do marido, ela foi presa e passou por um campo de concentração para prisioneiros fascistas, idealizado pelos Aliados, na cidade de Terni, e, em julho de 1945, chegou a Forio, com os filhos mais novos, Romano e Anna Maria.

Um ano mais tarde, em outubro de 1946, o jornalista estadunidense Frank Brutto, correspondente da *Associated Press* na Itália, esteve em Ischia para fazer uma matéria sobre o exílio da família do *duce*. O artigo narra a vida reservada e simples que *donna* Rachele e os filhos levam em Forio, revivendo as origens camponesas da matriarca, entre resmas de cebola e tomate pendurados nas paredes, secando ao sol. Rachele não está em casa quando o jornalista – o mesmo que no ano anterior noticiara a morte do marido – chega. Mas Brutto consegue falar com os filhos. Ele conta que Romano, fisicamente, lembra muito o pai, e é um jovem bronzeado de dezenove anos que passa seus dias tocando acordeom no bar do lugarejo e deslizando os dedos em um piano na sala de casa. Anna Maria é uma mocinha loira de dezessete anos que se move em um andar rígido, sequela deixada por uma poliomielite na infância. A casa, nas palavras do jornalista, "poderia ser qualquer casa de uma família de classe média italiana, exceto pelos ótimos livros".[69] Brutto descreve a sala de estar onde fica o piano de Romano: decorada com um quadro de Benito Mussolini de capacete e vestido para a guerra, com sua mandíbula firme, e uma imagem de Bruno (o filho morto aos 23 anos a bordo de um avião militar). Nas paredes, fotografias de família e uma cópia da *Última ceia*, de Leonardo Da Vinci.

A reportagem de Frank Brutto é quase uma crônica, ele descreve o clima da casa e da ilha:

> Romano se sentou ao piano. Seus dedos tocaram algumas teclas. Ele quase se soltou. A melodia era "Sentimental Lady", de Duke Ellington, e havia um toque de *boogie woogie* na execução. Anna Maria sorriu. Correspondente experiente, ele conversa com alguns moradores de Forio, e ao barbeiro da cidade questiona o que as pessoas pensam sobre a família Mussolini. "Ah, aqueles", ele diz olhando para Anna Maria, mas se referindo ao pai, "ele é a causa de todos os nossos problemas.

Sobre Rachele Mussolini, quem a descreveu foi Truman Capote, no relato sobre seu período em Ischia:

> Como todas as mulheres simples da ilha, a *signora* Mussolini se veste sempre de preto surrado e sobe a ladeira com uma sacola de compras como contrapeso. Sua expressão não muda, mas certa vez a vi sorrir. Um homem passou pela cidade com um papagaio que tirava a sorte

---

69 A matéria foi publicada em diversos jornais estadunidenses com títulos diversos. No *The Miami Herald Sun*, o título foi "All They Want is Privacy" [Tudo o que eles querem é privacidade], publicado em 16 de outubro de 1946.

de um jarro de vidro, e a *signora* Mussolini parou para consultá-lo, saber o futuro com um beicinho davinciano enigmático.[70]

Olho pela última vez da varanda do meu quarto o Monte Epomeo. Quem vai a Ischia para passar somente duas noites? Foi o tempo suficiente para me afeiçoar. Desço as escadas, passo na frente dos quartos de Capote e Dunphy, as plantas do átrio são exuberantes. Giuseppina, com anos e anos nas costas no papel de anfitriã, acompanha-me até a porta: "*Signò, tante belle cose.*" [Senhora, tudo de bom.] Eu me despeço de Ischia sentindo o que Lenu chamou a seu tempo de "a alegria do novo."

---

[70] Truman Capote, *Os cães ladram*, Porto Alegre: L&PM, 2014, p. 82.

Pisa

> "O paraíso na terra: um espaço todo meu, uma cama só pra mim, uma escrivaninha, uma cadeira, livros, livros e livros, uma cidade em tudo diferente do bairro e de Nápoles."
> ELENA FERRANTE, *A história do novo sobrenome*

A fuga do sul

Pisa é o impossível. À sombra de uma torre que há mais de oitocentos anos se equilibra pendente sobre um solo instável, Elena Greco segue seu caminho em direção à Piazza dei Cavalieri [Praça dos cavaleiros]. A filha do contínuo sobe as escadarias renascentistas do Palácio da Caravana e adentra as austeras salas de aula de uma das universidades mais prestigiosas do mundo. É apenas o início de uma ascensão improvável, que no decorrer da história suscitará a dúvida: afinal, quem é aquela que vai? E quem é aquela que fica?

Após o turbulento verão passado em Ischia, Lenu decide se distanciar de Lila, e pouco depois, inesperadamente, surge a oportunidade de estudar na Escola Normal, em Pisa. Greco passa três anos na cidade, onde tem a chance de conviver em um ambiente completamente diferente do seu, construir novas relações e finalmente deixa de viver – mesmo que momentaneamente – à sombra da amiga. O movimento de Lenu do sul (Nápoles) em direção ao norte (Pisa) é de suma importância na obra de Ferrante, porque representa a inquietação de todas as suas personagens e até da própria autora. Delia, de *Um amor incômodo*, Olga, de

Dias de abandono, e Leda, de *A filha perdida*, são narradoras que fugiram de sua cidade de origem, Nápoles, mas a revisitam em um processo de muita angústia e ambivalências. Giovanna, de *A vida mentirosa dos adultos*, personagem mais jovem, de certa forma também procura uma via de fuga, primeiro do bairro nobre em que moram os pais e depois da própria cidade.

Em *Frantumaglia*, livro que reúne uma série de entrevistas e ensaios de Elena Ferrante, existem muitas passagens em que a autora fala de sua relação com Nápoles. Em uma carta ao jornalista Goffredo Fofi, escrita em 1995, mas nunca enviada, Ferrante diz que cresceu em uma Nápoles vulgar, onde se sentia sempre em risco.

> Eu me senti diferente dessa Nápoles e a vivi com repulsa, fugi assim que pude, carreguei-a comigo como síntese, um substituto para manter sempre em mente o fato de que a potência da vida é lesada e humilhada por modalidades injustas da existência.[71]

A geografia não é mero detalhe. A ascensão dentro da escala social na Itália sempre passou pelo movimento que se dá do sul em direção ao norte, onde a industrialização se deu de modo mais rápido e sólido.

Por cima de um túnel, metafórico e real, como a ambivalência que permeia a tetralogia, passa a linha ferroviária que conecta Nápoles ao resto da península. Enquanto nossas protagonistas Lila e Lenu, em uma transgressão infantil, cruzavam o túnel para conhecer o mar, um dos símbolos da própria cidade, passageiros – em sua maioria homens – atravessavam o sul em direção ao norte, em busca de oportunidades que os tirassem da pobreza.

---

71 E. Ferrante, *Frantumaglia: os caminhos de uma escritora*, 2017, p. 65.

Em 1963, a rede ferroviária italiana contava com 23 linhas que uniam suas principais cidades. A linha 1 percorria o longuíssimo trecho Turim–Gênova–Roma–Nápoles–Messina– Palermo--Catânia e Siracusa. A viagem de 550 quilômetros entre Nápoles e Pisa durava oito horas, como mostra o almanaque da Ferrovia Italiana[72] daquele ano. O calhamaço, de mais de quatrocentas páginas, publicado pela editora Fratelli Pozzi, de Turim, era a fonte que os viajantes habituais utilizavam para consultar as linhas, os horários dos trens, as tarifas e a duração das viagens.

O trem que conduzia ao norte os mediterrâneos com bagagens cheias de sonhos e pesadas bolsas repletas de mantimentos se chamava Treno del Sole [Trem do Sol] e iniciou sua longa trajetória nos anos 1950. Partia da ilha, atravessava o estreito de Messina em um *ferryboat* e chegava até Villa San Giovanni, na Calábria. Ali, encaixavam-se vagões vindos de Reggio Calabria e Palermo, e a viagem seguia pela península, com outra parada em Roma para o engate de mais vagões. Depois de passar por Pisa e Gênova, a viagem completava seu ciclo de 25 horas na plataforma treze da estação Porta Susa, em Turim, onde as fábricas começavam a receber os trabalhadores, que, ainda sem saber, operavam uma revolução social na Itália.

Desembarcados no norte, os emigrantes deparavam com o primeiro grande problema: eram todos clandestinos na própria pátria. Até 1961 vigorou a lei fascista 1.092, de 6 de julho de 1939, que regulamentava os deslocamentos dentro do território nacional. Mussolini via a migração da realidade rural para a metrópole como uma catástrofe que ameaçava a moral e a cultura, e tratou de blindar as cidades com medidas contra o urbanismo.

---

72 Fondazione FS Italiane. Disponível em www.archiviofondazionefs.it. Acesso em 10 abr. 2024.

A lei proibia a transferência dos italianos para cidades com população superior a 25 mil habitantes ou para comunas de notável importância industrial com população inferior. Além disso, impedia os trabalhadores rurais de mudar de categoria de ocupação, dentro da própria comuna, sem motivo justificado para abandonar a terra.

A infame burocracia italiana, chancelada pela lei, tornava quase impossível a estabilidade dos imigrantes. Para poder viver na nova cidade, o indivíduo deveria ser inscrito em uma espécie de agência de empregos, mas tal inscrição era reservada aos habitantes nativos. Com a situação jurídica irregular, os imigrantes viviam nas cidades do norte, mas no papel figuravam inscritos nas comunas de proveniência, no sul, não podendo gozar assim de direitos, assistência, e contratos de trabalho e de aluguel. Alguns tiveram a sorte ou o privilégio de ter a situação normalizada pelo empregador ou pela intervenção de alguma pessoa influente. O resto viveu anos na precariedade, alimentando o sistema de exploração da força de trabalho que ainda hoje é um dos grandes problemas enfrentados pela sociedade italiana.

Em 1963, época em que Elena Greco vai para Pisa, a Itália estava absorvida pelo milagre econômico e dava sinais de que era possível encontrar um equilíbrio. Isso se refletia também no modo de viajar dentro da península. Os desconfortáveis vagões de terceira classe foram abolidos em 1956, e as passagens de segunda classe ficaram acessíveis aos mais pobres. Os bancos duros de madeira, que transportaram milhões de passageiros a partir dos anos 1930, e que no período da Segunda Guerra carregaram soldados feridos, saíram de cena para dar lugar a novas poltronas. O histórico trem "Centoporte" (cem portas), assim denominado pela grande quantidade de portas que facilitava a subida e a descida dos passageiros, foi substituído por um novo modelo.

Foi provavelmente o "série 45.000 – 1959" que levou Lenu a Pisa. À época, um trem moderníssimo, que chegava a alcançar 160 quilômetros por hora, com iluminação fluorescente, cabines com poltronas de couro espaçosas de oito lugares e aquecimento elétrico. Ao entrar no corredor do trem e se acomodar em suas poltronas, os passageiros trocavam olhares, sorrisos e palavras com um dialeto carregado, o código que os ligava, como uma súplica subentendida para que tudo desse certo na nova vida que os esperava. O vagão restaurante era um conforto dispensável para a maioria no Treno del Sole, as cabines eram perfumadas por odores de salames, frituras, o leite que explodia nas mordidas da muçarela, a leveza do açúcar de confeiteiro.

A viagem de Nápoles até Pisa permite que Lenu subverta os espaços. Pela primeira vez ela percorre a parte de cima do túnel de via Emanuele Gianturco, observando, em movimento sobre os trilhos, o bairro, que aos poucos torna-se um borrão. No ciclo de *A amiga genial*, Pisa tem um peso importante, apesar de não chegar à alcunha de personagem, como Nápoles. Os primeiros passos de Elena Greco em direção à Escola Normal, cruzando o rio Arno, são solitários. Depois do conturbado período em Ischia, onde se consuma a violenta paixão entre Lila e Nino Sarratore, a separação é inevitável. O fio já desgastado que a une a Lila se arrebenta, e finalmente ela dispensa as intermediações em sua voz.

A Pisa dos anos 1960 refletia a retomada do país, que deixaria para trás os anos de destruição da guerra. Os edifícios porticados que despontam na saída da estação de trens são símbolos daquela época. Pisa tinha cheiro de novo. As ruas sujas e barulhentas, a incômoda cadência do dialeto, a exacerbação dos movimentos, os livros velhos e bolorentos tinham ficado para trás, esparramados pelos trilhos da ferrovia.

Uma casa napolitana em Pisa

Eu cheguei a Pisa em fevereiro de 2004. Lembro-me de dias gelados, de céu azul e do clarão que se abria no final da Corso Italia. O rio Arno refletia a luz do sol, provocando um brilho salpicante no movimento da correnteza branda. Eu tinha 22 anos, e era a minha primeira grande experiência no exterior. Meus pais eram professores, e o intercâmbio cultural nos Estados Unidos era um rito de passagem restrito aos jovens de classe média alta da minha geração. O que poderia ser motivo de grande frustração se transformou na oportunidade de trilhar uma estrada inesperada e conhecer minha benfeitora, a doutora Michela Villani.

De origem napolitana, Michela era uma senhora diminuta, de cabelos castanho-claros curtos, com reflexos dourados. Sua elegância era confortável, ela gostava de calças de corte reto, pulôver por cima das camisas e sapatos baixos. O *foulard* completava o conjunto, e era assim que ela ia trabalhar, todas as manhãs, no hospital onde era diretora. Havia morado em outros países, acompanhando o marido, coronel da aeronáutica italiana. Viviam em um amplo apartamento decorado com quadros e objetos de arte comprados em antiquários, lembranças dos lugares onde viveram, e o tradicional calendário histórico dos Carabinieri pendurado na parede. De um lado do apartamento via-se o aeroporto militar, da outra extremidade, em linha reta surgia ao longe o topo da famosa torre torta.

Cheguei a Michela por uma complexa teia de contatos. Os filhos já não moravam com eles, o apartamento tinha espaço suficiente para me acolher, e, eu viria a descobrir com o tempo, havia ali um enorme vazio afetivo para preencher. Pisa então foi a cidade do meu intercâmbio possível.

Assim como para Lenu, meus passeios pelo Lungarno (a longa avenida que margeia o rio Arno) eram solitários. O frio modificava minha expressão naturalmente sorridente, encolhendo meus olhos e enrugando a minha testa. Eu caminhava pelas ruas de Pisa tentando me adequar a um novo modo de me expressar, a uma língua que parecia muito diferente do que eu havia estudado até então. Fui obrigada a reconhecer também a superioridade dos italianos no quesito elegância, apesar de não compreender o motivo de tantos homens usarem calças coloridas.

Durante todo o inverno de 2004 eu usei o mesmo casaco. Ele não foi herança de uma tia e nem estava puído como o de Lenu. Mas também era de segunda mão. Há vinte anos, quem viajava para a Europa no inverno e tinha finanças apertadas comprava roupas em lojas especializadas. Elas vendiam casacos de frio usados, mas muito bem-conservados, com cheiro de lavanderia.

Se foi difícil me sentir confortável na cidade, o enorme apartamento da Via Gramsci me acolheu em um abraço quente. Eu fiquei com o quarto da filha de Michela, que vivia em uma cidade da Úmbria, com o marido e o filho. Apesar da dimensão generosa do apartamento, meu espaço era pequeno. Eu tinha uma cama estreita de ferro, pintada de verde com flores bordô, uma mesa de cabeceira, uma escrivaninha e um velho armário de duas portas. O quarto era montado com móveis comprados nas feiras de antiguidades, o que me faz pensar hoje que não era muito diferente do alojamento universitário de Lenu, no edifício Timpano.

Quando voltei a Pisa, quase vinte anos depois de ter colocado os pés pela primeira vez na cidade, o nome da doutora Michela continuava na caixa de correspondências, mas o apartamento tinha sido vendido dois anos antes, como vim a saber depois. Michela voltou a Nápoles e vive com o neto entre o bairro alto e uma minúscula cidadezinha no interior. Não é difícil ver Pisa sem Michela, para mim ela sempre foi inconfundivelmente napolitana, na força e nos gestos. Na parte boa e na ruim. Quando tratava com doçura, deixava fluir o sotaque, quando a raiva e a mágoa despontavam, os lábios explodiam em um dialeto violento. E isso não combinava com Pisa.

Pisa é *tutto il mondo*

A poucos metros da estação Pisa Centrale, o comércio de souvenir de origem duvidosa divide espaço com uma casa de apostas. Um pequeno grupo de homens jovens de pele alva conversa em uma língua com forte sotaque do Leste Europeu. As vozes são interrompidas pelos goles ávidos na garrafa de cerveja com rótulo quase anônimo, de um supermercado *discount*. Vejo uma senhora ajoelhada sobre um cobertor cinza, com a coluna inclinada para a frente, um lenço na cabeça, murmurando lamentos incompreensíveis. Ao lado, um pedaço de papelão traduz seus gemidos: "Tenho fome, sou doente, me ajude."

A Galleria Gramsci, que faz parte do edifício porticado, ocupa constantemente as páginas dos jornais locais com relatos de furtos, tráfico de drogas e rixas. O Hotel La Pace, tradicional três estrelas que fica dentro da galeria, vive uma crise de ocupação. Nem as imagens dos quartos modernizados e decorados com esmero e a promessa do melhor café da manhã de Pisa apresentados no site conseguem evitar a enxurrada de comentários negativos quanto à insegurança e sujeira do local.

Mais adiante, na esquina, fica o Gambrinus Caffè, que em nada se assemelha ao seu homônimo napolitano. Frequentado principalmente por turistas, por sua proximidade à estação de trens, oferece pratos pré-cozidos, sanduíches e brioches, em um ambiente frio e anônimo. Entro, peço um café e confirmo os comentários encontrados na internet, aprofundo a pesquisa e descubro que o bar foi objeto de várias denúncias por cobrar preços exorbitantes sem identificá-los claramente no cardápio. Mas são os napolitanos que levam a fama de malandros.

Os autores das contravenções que ocorrem na zona da estação de trens de Pisa são provenientes em sua maioria dos fluxos migratórios. A queixa mais comum dos comerciantes é a ação dos traficantes de drogas em plena luz do dia. Os estrangeiros correspondem a pouco mais de um terço (39,45%) das denúncias por tráfico na Itália.[73] A situação é uma consequência da inabilidade do Estado em administrar uma das questões mais espinhosas da Itália contemporânea.

Se o fenômeno da emigração ainda era forte durante a infância e juventude de Lila e Lenu, a partir dos anos 1970, ele diminui, quando o país começa a receber trabalhadores estrangeiros atraídos pelo milagre econômico. Em pouco tempo, de país de emigrantes, a Itália passou a ser um dos destinos mais ambicionados pelos fluxos migratórios. Segundo relatório do Istituto Nazionale di Statistica [Instituto Italiano de Estatística] (Istat), em 2021, o número de estrangeiros no país chegou a 5.013.215.[74]

A discussão sobre quem vai e quem fica se reacende no último volume da tetralogia, *História da menina perdida*, em um diálogo entre Lila e Lenu no último encontro das duas em Nápoles, em 2005. Assim como outros acontecimentos históricos pincelados de forma sutil ao longo do romance, o fenômeno da imigração aparece no enredo. "Ao ver africanos e asiáticos em

---

[73] Relazione Annuale della Direzione Centrale per i Servizi Antidroga 2020 [Relatório Anual da Direção Central de Serviços Antidrogas]. Cf.: https://antidroga.interno.gov.it.
[74] Istat. Disponível em www.istat.it. Acesso em 10 abr. 2024.

cada canto do bairro, ao sentir cheiro de cozinhas desconhecidas, ela se entusiasmava e dizia: eu não viajei pelo mundo como você fez, mas, veja só, o mundo veio até mim."[75]

O mundo que veio até Lila se instala naturalmente no bairro, e, como um novo pedaço de terra fresca, é regado, adubado e colonizado pela violência autóctone.

> O velho dialeto imediatamente acolhera, segundo uma consolidada tradição, línguas misteriosas, enquanto ia acertando as contas com habilidades fonadoras diversas, com sintaxes e sentimentos outrora muito distantes. A pedra cinzenta dos prédios exibia inscrições inesperadas, antigos tráficos lícitos e ilícitos se misturavam aos novos, o exercício da violência se abria a novas culturas.[76]

Em uma praça de Pisa não muito distante da estação de trens, um grupo de jovens imigrantes africanos escuta a música que sai de uma pequena caixa de som acoplada à bicicleta de um deles. Imagino que terminaram o turno de trabalho em uma das fábricas da área industrial, na periferia da cidade. Em um banco de madeira, cuidadoras de idosos provenientes do Leste Europeu conversam animadas, enquanto turistas russas disparam uma *selfie* com seus celulares. Os pisanos passam com naturalidade por essa torre de babel, em direção ao Corso Itália, artéria comercial da cidade. A cena acontece na frente de um enorme e colorido painel que cobre a inteira parede da casa canônica da igreja de Santo Antônio Abate. *Tuttomondo*, ou seja, todo mundo, é o nome da obra, que parece refletir o entorno como um espelho. O autor é Keith Haring.

---

75 E. Ferrante, *História da menina perdida*, 2017, p. 461.
76 Idem.

Reconhecer os traços do artista estadunidense em uma cidade como Pisa, à primeira vista, causa incredulidade. Não é fácil encontrar uma relação entre Keith Haring, que passava grande parte do tempo transitando entre Nova York, Paris, Milão, Tóquio, Dusseldorf, e a cidade toscana.

O encontro que trouxe Haring a Pisa aconteceu nas ruas de Nova York no inverno gelado de 1987 de forma inusitada, quase mística. Piergiorgio Castellani, um jovem de Pisa, estava na cidade com o pai, que concluía tardiamente seu percurso universitário. Roberto Castellani abandonou a carreira de jornalista para ajudar a família, depois que a famosa enchente de 1966 destruiu a vinícola de sua propriedade. Mais tarde, deu continuidade aos estudos com uma tese sobre o movimento Hare Krishna, em voga na época.

Foi em um barulhento *sankirtan*, uma espécie de performance dos Hare Krishna, que Piergiorgio, acompanhando o pai, reconheceu um tipo muito alto e magro que assistia à cena, e quase não acreditou que estava na frente de um ídolo. Aproximou-se com entusiasmo e se apresentou como grande admirador. Piergiorgio não se conformava que um artista como Haring não tivesse realizado uma obra na Itália, a não ser um painel em Roma apagado no dia seguinte e uma intervenção provisória na loja Fiorucci em Milão. Keith Haring achou simpático e curioso que um garoto italiano conhecesse tão bem seu trabalho. No dia seguinte, a convite do artista, os Castellani entraram em seu estúdio na Broadway, e, naquele momento, nasceu a ideia de conceber um mural em Pisa.

Haring chegou a Pisa em junho de 1989. Por dois dias caminhou pelas ruas com sua polaroide, tendo o cuidado de escolher as cores para o mural em harmonia com as tonalidades da cidade. Trabalhou incansavelmente por horas a fio, com pausas para entrevistas, pedidos de autógrafos e fotografias. A concepção da obra foi um acontecimento, a pequena praça aos fundos do convento foi tomada por um clima contrastante com a sobriedade da cidade da famosa torre torta. As pinceladas coloridas de Keith Haring ganharam ritmo com as caixas de som sempre ligadas e os grupos de *breakdance* que acompanhavam a performance.

Um vídeo da época, dirigido por Andrea Soldani, ilustra os dias pisanos de Keith Haring e o envolvimento dos moradores da cidade em torno da obra. Olhares admirados, incrédulos, divertidos, um fotógrafo que se equilibra em um telhado para registrar o trabalho, champanhe, muita gente e Keith, com sua inconfundível camiseta branca, jeans e tênis de cano alto, mexendo em uma mesa de som. Cenas memoráveis.

O mural de Haring é uma espécie de testamento artístico. Poucos meses após o verão pisano, o artista morreu em Nova York aos 31 anos por complicações relacionadas à AIDS. As trinta figuras que compõem o painel não foram objeto de um estudo prévio, simplesmente tomaram forma durante o percurso, ganhando vida por meio da experiência artística ativista de Haring, que realizou uma celebração à harmonia terrestre, reunindo desenhos de homens, mulheres, seres híbridos e símbolos.

Em seus diários, ele fala sobre o clima festivo e acolhedor da cidade nos dias em que realizou o mural: "Isso é mesmo um feito. Estará aqui por muito, muito tempo, e a cidade parece realmente amar. Estou sentado em uma varanda olhando para o topo da torre pendente. É realmente muito lindo aqui. Se existe um paraíso, eu espero que se pareça com isto."[77]

---

[77] Keith Haring, *Keith Haring Journals*, Westminster: Penguin Books, 2010.

Haring trouxe a Pisa consenso político e cultural. Mais do que isso, deixou uma herança de amor e tolerância. É incrível pensar que um artista declaradamente gay, contaminado pelo vírus HIV, tenha sido acolhido em uma cidade conservadora e deixado sua marca na parede de um convento. Pisa não é o impossível.

Arno

Estou em Pisa. É verão, e o sol se prolonga no arco das horas, permitindo que as crianças brinquem até mais tarde, que os adultos saboreiem uma cerveja gelada, e que partidos políticos e ativistas façam reuniões nas praças. Caminho procurando uma padaria próxima ao tribunal. Ontem jantei na Piazza delle Vettovaglie, e a dona do restaurante, percebendo minha devoção pela *focaccia* toscana, me indicou onde encontrar a iguaria, para que eu pudesse levar para a minha casa no Vêneto. Ela contou que a padaria é de um homem marroquino que há anos vive em Pisa, e que ele faz pão como um toscano.

Reflito sobre como muitos italianos são elogiosos quando o estrangeiro é um prestador de serviços ditos menores, e o quanto podem ser cruéis quando o forasteiro ocupa um lugar tido como nobre. Penso em Elena Greco, com seu sotaque carregado de vergonha, estudante brilhante, que, ao manifestar o desejo de se tornar pesquisadora e professora universitária, recebe de um professor o conselho de disputar uma vaga nos institutos de magistério.

Meu plano de levar a *focaccia* toscana para casa não dá certo. É dia de repouso para o padeiro marroquino, encontro a porta de seu estabelecimento fechada. Caminho pela via Palestro e sou capturada por uma calçada tomada por quadros, livros, espelhos, é a entrada do Mercatino del Centro, um antiquário. Entro, e uma senhora simpática me acolhe com seu educado *buonasera* e continua conversando com sua amiga. Estou no meio de frágeis bibelôs, serviços de jantar, roupas usadas, brinquedos velhos dentro de caixas desbotadas pelo sol.

Uma antiga máquina Singer me faz lembrar aquela de minha avó, abro a gavetinha pelo puxador e fecho os olhos, esperando encontrar a boneca cheirosa que eu costumava esconder lá dentro. Mas, procurando as minhas lembranças, eu acabo esbarrando nas memórias alheias. Dentro da gaveta, um pacote com fotos antigas me propõe um mergulho em vidas que desconheço.

Encontro Sandro, identificado como primo de Laura, no verão de 1959 ao lado de uma garotinha esguia que imagino ser sua irmã. Os dois estão vestidos com roupa de banho e sandálias que evitam que queimem seus pés na areia da praia. Apesar da pose, eles não olham diretamente para o fotógrafo. No fundo, os *ombrellones* [guarda-sóis] parecem imóveis, sugerindo que na região da Versilia, em 1959, ventou pouco no verão. A minha viagem pelo universo de Ferrante e da tetralogia me permite associar as imagens às personagens, notando que elas viveram na mesma época. O rapaz, alto e muito bonito, deve ter a mesma idade de Rino Cerullo, o irmão de Lila, que naquele mesmo ano perdia suas margens ganhando contornos animalescos, durante uma festa de Ano-Novo.

Uma imagem datada de 1956 me mostra o que parece ser uma escola, onde cinco crianças vestidas com roupas de inverno se apresentam em um palco. Com os braços abertos, sugerem os passos de uma dança. O menino usa fraque e cartola, e segura uma varinha de condão, os sorrisos mostram dentes de leite bem-cuidados. Lembro-me de Lila criança, em uma das passagens mais violentas da tetralogia, quando é jogada pela janela pelo próprio pai, que a impede de frequentar a escola.

Uma fotografia sem data registra a entrada de uma noiva na igreja de braços dados com o pai. Vestido branco liso, sem muitos detalhes, mangas compridas, casaqueto arrematado com um boá, e grinalda presa ao cabelo por um arranjo de flores. É inverno, ela é jovem e tem cabelos escuros como Lila Cerullo. Questiono-me por que uma imagem de um momento tão marcante na vida de uma pessoa esteja dentro daquela gaveta, sem herdeiros. Quando é que as pessoas deixam de existir? Mas é uma carta em um papel íntegro e pouco manchado que me emociona de verdade. Sem imagens, eu mesma posso construir as personagens, dar forma, voz, cor. Quem assina é Renzo, e o ano é 1951. Ele dedica suas linhas a uma brilhante menina que se chama Lia.

Caríssima Lia,

Não sabe que prazer foi ler sua carta, me mostrando que você é boa e que escreve muito bem. Nem os meus meninos que estão na quarta série são bons assim e nem legais como eles acham que são. Fico feliz que você tenha gostado do livreto: frequentemente tenho vontade de mandá-los a você, mas os preços são proibitivos. Talvez antes que você vá a Livorno, eu e Marta iremos te encontrar. De qualquer modo, iremos com certeza a Livorno. Diga à mamãe que logo lhe escreverei novamente e que a agradeço pelas felicitações que me enviou. Naturalmente agradeço você também pelas suas. Me escreva quando quiser, que gosto muito. Cumprimente mamãe, papai, Lina e seus avós, e dê um grande beijo àquela malandra da Marta.

Muitos beijos, Renzo
5-1-1951

Renzo é um entusiasmado professor primário. Como Oliviero, a professora de Lila e Lenu, ele vibra com o desempenho de Lia e a incentiva mandando-lhe alguns livros, desafiando os fatores impeditivos, como o alto preço das publicações na época. Não sabemos quem é Lia em sua vida, mas, para a menina, Renzo é um precioso agente de mudança e motivo de esperança. Basta saber que, em 1951, apenas 8% das meninas em idade escolar provenientes do ensino fundamental deram continuidade aos estudos na escola secundária.[78] Lila ficou fora da estatística.

Encontrar a correspondência de Lia e Renzo na gaveta da Singer foi como descobrir um tesouro. Não tenho ideia de quem seja a Lina citada por ele no final da carta, e acho interessante a coincidência. Lina, Lia, Li. Saio do Mercatino del Centro com um pacote de fotos e a carta nas mãos, e me dirijo ao Lungarno, quero ir até a Ponte Solferino, lugar de onde Lenu tenta, em vão, apagar as memórias de Lila, lançando seus cadernos na água.

Não fosse pela extensão, a Ponte Solferino cruzaria o rio Arno quase anônima. Diferente das pontes que atravessam o mesmo Arno, em Florença, não existe nada de monumental na versão pisana. Abatidas durante os bombardeios da Segunda Guerra, em 1943–1944, as pontes de Pisa não seguiram o projeto original ao serem reconstruídas. O olhar se concentra então em torno dos "Lungarni", o conjunto de ruas que margeia o rio Arno. Os palácios históricos em diversas tonalidades de ocre criam um ambiente ainda mais sugestivo no horário do pôr do sol. À noite, as luminárias posicionadas ao longo do percurso formam reflexos espetaculares na água, e é uso comum, principalmente entre os jovens, sentar-se no parapeito que margeia

---

[78] Istat, Sommario di Statistiche Storiche 1861–2010 [Resumo Das estatísticas históricas]. Disponível em www.istat.it/it/files//2019/03/cap_7.pdf. Acesso em 12 abr. 2024.

Tradicional passeio às margens do rio Arno. Pisa, 1959.

o rio, dando as costas para o Arno, o que criou a conhecida expressão *spalletta sull'Arno* [de costas para o Arno].

De um lado da Ponte Solferino desponta a pitoresca igrejinha Santa Maria della Spina, com suas formas góticas. Do lado oposto fica o Timpano, o alojamento estudantil onde Elena Greco passou seus anos pisanos. O grande palácio às margens do rio Arno foi doado à Escola Normal em 1932 por Domenico Timpano, um empresário que, como muitos italianos, fez fortuna no início do século na América. Danificado pelos bombardeios, passou por várias reformas, a última delas em 2014, com o restauro da fachada e a modernização dos quartos estudantis. Bem diferente do ambiente modesto dos tempos de Lenu, quando o alojamento era de uso exclusivo feminino, hoje o Tímpano conta com 111 quartos com banheiro e uma estrutura com sala de estudos, jogos, música, informática, hemeroteca e lavanderia.

Em uma noite de novembro de 1966, Elena Greco sai de seu alojamento no Timpano carregando uma caixa confiada a ela por Lila na primavera. Os oito cadernos ali conservados continham anotações dos mais variados tipos, que Lila colecionara desde os tempos da escola fundamental. A leitura desse material por Lenu foi uma estratégia brilhante na construção do texto de Elena Ferrante, para permitir que ela pudesse nos contar parte da história que não vivenciou.

Lenu relata um grande incômodo causado pela presença daquelas anotações, sente-se esmagada pelas memórias da amiga e, quando para na Ponte Solferino, empurra a caixa nas águas gélidas do Arno.

> Parei na ponte Solferino olhando as luzes filtradas por uma neblina gélida. Apoiei a caixa no parapeito, empurrei-a devagar, devagar, um pouco a cada vez, até que caiu no rio quase como se

fosse ela, Lila em pessoa, a se precipitar, com seus pensamentos, suas palavras, a maldade com que restituía golpe após golpe a cada um, seu modo de apropriar-se de mim como fazia com qualquer pessoa ou coisa ou evento ou sabedoria que se aproximasse: os livros e os sapatos, a doçura e a violência, o casamento e a primeira noite de núpcias, o retorno ao bairro no novo papel de senhora Raffaella Carracci.[79]

Existe aqui uma questão temporal na narrativa de Elena Ferrante. O outono de 1966 ficou marcado na história da região Toscana pela enchente do rio Arno, que devastou as cidades de Florença, Pisa e arredores, deixando um rastro de lama, detritos e muita destruição. O início do mês de novembro daquele ano veio com chuva e vento excepcionais, o que culminou, no dia 4, em inundações nas regiões nordeste e central da Itália. As cidades mais duramente afetadas foram Florença e Veneza, e, ainda hoje, é possível ver em alguns edifícios históricos as marcas que testemunham o nível que a água alcançou. Na manhã de 13 de novembro de 1966, pouco mais de uma semana depois da enchente, a Ponte Solferino foi abaixo. A principal imagem da ponte agonizante mostra um jovem soldado do exército impotente diante da fúria da água, ajeitando os sacos de areia que protegiam as margens do Arno.

Poucos meses depois, em fevereiro, o Lungarno Pacinotti, a rua que margeia o rio naquele ponto, cedeu devido à pressão, engolindo parte do asfalto e criando enormes rachaduras no chão. Os edifícios do perímetro foram evacuados, inclusive o Palazzo alla Giornata, sede da reitoria da universidade. Passados seis

---

[79] E. Ferrante, *História do novo sobrenome*, 2016, p. 14.

meses, reconstruíram a estrada, e somente oito anos depois a ponte Solferino foi reerguida.

Em 2016, o filólogo Marco Santagata, professor em Pisa, escreveu um artigo para o encarte cultural "Lettura", do jornal *Corriere della Sera*, sobre a possível identidade de Elena Ferrante, uma obsessão midiática que teve mais de um episódio e vários detetives. Santagata apresentou sua teoria baseando-se no segundo livro da tetralogia e nas descrições feitas sobre o período pisano da protagonista, chegando ao nome de Marcella Marmo, professora da Universidade de Nápoles Federico II. Marmo desmentiu a investigação mais de uma vez, e a editora E/O, que publica os livros de Elena Ferrante na Itália, declarou ao jornal que esperava que a atenção se voltasse aos livros e não à identidade da autora.

Mas Santagata levanta uma questão interessante em sua pesquisa: por qual motivo Elena Ferrante teria ignorado um acontecimento tão importante como a enchente do rio Arno? Ou em um lapso ela teria confundido o ano em que posicionou Lenu às margens do rio, precipitando os cadernos de Lila?

Vendo as imagens de destruição da enchente e principalmente do abismo de rachaduras que se criou em torno ao Arno, penso nos termos *frantumaglia*, desmarginação e vórtice. Imediatamente rememoro os momentos em que Lenu descreve a reação de Lila no início da noite de 23 de novembro de 1980, quando um terremoto devastou Nápoles e arrebentou seus contornos e suas certezas. A provável distração ou erro de Ferrante acabou por originar uma construção coerente: as memórias de Lila deveriam mesmo precipitar em águas violentas, na lama irrefreável, nas rachaduras do centro da terra.

De Leopardi a Greco

A jornada de Lenu até Pisa se inicia em uma sala do liceu durante o exame de maturidade, que chancela a conclusão do ciclo de estudos da escola secundária.

> O exame foi um momento decisivo em minha vida. Redigi em duas horas um tema sobre o papel da Natureza na poética de Giacomo Leopardi, citando, em meio a versos que sabia de cor, paráfrases em belo estilo do manual de história da literatura italiana; mas sobretudo entreguei a prova de latim e de grego quando meus colegas, inclusive Alfonso, mal tinham começado a fazê-las.[80]

Diante de um exame oral brilhante, Lenu desperta a atenção de uma professora "idosa e magérrima, com um *tailleur* rosa e cabelos azul-celeste." É essa mulher, que ela nunca mais irá rever, que lhe apresenta a possibilidade de frequentar uma escola importante localizada em Pisa, na qual, superada a prova de admissão, ela estudaria de graça. Nunca mais a encontrei, não sei nem como se chama, no entanto devo muitíssimo a ela. Sem deixar em nenhum momento de me tratar por senhorita, passou com naturalidade a um comedido abraço de despedida.[81]

Se Pisa trouxe um grande incômodo a Lenu, a ponto de reviver seus traumas e escrevê-los em um manuscrito, a Giacomo Leopardi proporcionou inspiração e felicidade. O jovem escritor chega à cidade toscana em novembro de 1827, depois de um período de idas e vindas entre sua terra natal, Recanati, e as cidades de Roma, Milão e Florença. Leopardi foi um dos maiores escri-

---

80 Ibid., p. 323.
81 Ibid., p. 324.

tores da literatura italiana e mundial, apesar de sua breve vida, que ele registrou em um extenso diário de pensamentos, poesias e aforismos chamado *Ozibaldone*. O ensaísta, filólogo e poeta evidenciou em seus escritos o pessimismo, a melancolia e a relação do homem com a natureza. Foi a saúde frágil que o fez desembarcar em Pisa. O escritor sofria de problemas reumáticos graves e buscava um clima mais ameno em relação àquele de Florença.

Em Pisa, Giacomo Leopardi reencontrou a inspiração e viveu alguns dos momentos mais serenos da vida, segundo consta nas cartas que escreveu a amigos e parentes. "Tenho aqui em Pisa uma rua deliciosa que chamo de rua das recordações: lá vou passear quando quero sonhar de olhos abertos. Garanto que, em matéria de imaginação, sinto ter voltado aos meus velhos bons tempos."[82]

Existem algumas similaridades interessantes entre Elena Greco e Giacomo Leopardi. Leopardi era filho de nobres decadentes e tinha uma relação contrastante com os pais, rígidos e conservadores. Cresceu em uma impressionante biblioteca de 20 mil títulos, hoje transformada em museu. Sem notar, impôs a mesma rigidez a si próprio, afundando-se em um frenético ritmo de estudos, que comprometeu desde muito cedo sua saúde. Assim como no caso de Lenu, a instrução lhe deu a possibilidade de afastar-se da odiada cidade natal, Recanati, e romper a ligação de dependência com a família. Aos dezoito anos, Leopardi traduziu o segundo livro da Eneida. Elena Greco se aprofundou no quarto livro em sua tese, nos tempos da Escola Normal, com o trecho do épico que narra a história de abandono de Dido, rainha de Cartago, por Enéas.

---

[82] Carta a Paolina Leopardi, de 25 fevereiro de 1828, in G. Leopardi, *Epistolario, a cura di Franco Brioschi e Patrizia Landi* [Epistolar, editado por Franco Brioschi e Patrizia Landi], Torino: Bollati Boringhieri, 1998 [tradução livre].

Giacomo Leopardi teve uma história de amizade intensa e intrincada com o escritor napolitano Antonio Ranieri, que conheceu em Bolonha, em 1827. Os amigos formaram um triângulo amoroso com Fanny Targioni Tozzetti, uma dama nobre que promovia saraus literários em sua casa, em Florença. Fanny foi a inspiração para várias poesias de Leopardi, mas nunca correspondeu a essa admiração, preferindo uma relação com Ranieri, um homem bonito, galanteador e mais jovem que Giacomo.

A amizade entre Giacomo Leopardi e Antonio Ranieri suscita ainda hoje discussões sobre uma natureza homossexual, defendida por uns e recusada por outro grupo. A convivência entre os dois durou sete anos, com uma grande devoção por parte de Ranieri, que cuidou da saúde frágil de Leopardi. Giacomo Leopardi morreu em 1837, prestes a completar 39 anos, nos arredores de Nápoles, cidade em que se estabeleceu com Ranieri em seus últimos anos de vida.

Nas cartas que escreveu a Ranieri, hoje conservadas na Biblioteca Nacional de Nápoles, são muitos os trechos que vinculam a existência de um à do outro, como a interdependência de Lila e Lenu. "Ranieri meu, te aviso que não posso mais viver sem você, que fui tomado por uma impaciência doentia de te rever, e que me parece uma certeza que, se você demorar mais um pouco, morrerei de melancolia antes de te rever. Adeus, adeus."

Antes de apagar as luzes do pequeno quarto do hotel onde estou hospedada, resolvo ler "A Silvia", um dos poemas mais conhecidos de Leopardi, que ainda hoje é estudado pelos alunos do ensino médio na Itália. Os versos foram escritos no período em que o poeta viveu em Pisa, e, enquanto passo os olhos com atenção pelas palavras, meu pensamento se desvia, buscando pelas ruas da cidade um homem frágil e curvo que respira o ar primaveril.

Acordo determinada a admirar Pisa com os olhos de Leopardi e, tendo lido uma de suas cartas à irmã Paolina, onde ele cita o Arno, resolvo começar pela longa avenida que margeia o rio. É um dia muito bonito, e eu quero aproveitar o frescor das primeiras horas, já prevendo o calor que está por vir. Desço as escadas, e, no estreito cômodo que me parece uma sala de café da manhã improvisada, me espera impaciente um senhor de pijamas. Ele me olha bastante incomodado e diz: "O café já está frio, você está atrasada." Consulto o relógio mais uma vez para ter certeza: são 8h10, e rebato: "Nunca, em nenhum hotel no mundo onde já me hospedei, o café da manhã teve hora marcada." Ouço quando ele bate com força a porta, mas logo depois volta mais manso, trazendo um pacote com torradas, uma barrinha pequena de manteiga e um pote de iogurte de cerejas. Atrás dele surge uma senhora já paramentada com saia e avental. É a esposa do ranzinza que me pede desculpas pelo seu modo pouco cortês. Ela me conta que o palácio onde estou hospedada pertence a ela e ao marido, e que os dois vivem em um apartamento atrás da porta de onde eu o vi sair. Pergunto de que período é o edifício, ela não me informa o ano exato, mas especifica um século: os 1700. Penso imediatamente na temporada de Leopardi em Pisa e agora tenho certeza de que o palácio já estava ali quando o poeta fazia seus passeios pelo Corso Italia.

No meu caminho até o rio Arno, vejo a cidade já acordada e operativa, no fundo o ranzinza tinha razão. As bicicletas passam por mim levando homens e mulheres ao trabalho, os senhores distintos já haviam lido as principais notícias do jornal, que agora carregam para casa debaixo do braço. Entro em uma cafeteria para me refazer do desjejum traumático. Como é bom escutar o sotaque toscano. Na época de Leopardi, as línguas faladas em Pisa eram mais de dez, como ele descreve em uma das cartas.

A cidade recebia muitos estudantes estrangeiros, além dos viajantes ingleses e franceses que a escolhiam como etapa de seu Grand Tour pela Itália. Os escritores e amigos Percy Shelley e Lord Byron passaram uma temporada em um palácio às margens do Arno, em 1821, poucos anos antes de Leopardi.

A poucos passos do Timpano, alojamento estudantil onde viveu Lenu, fixada no parapeito do rio Arno encontro a prova do encantamento de Leopardi por Pisa. Uma placa reproduz o trecho de uma carta enviada a Paolina em 12 de novembro de 1827:

> O aspecto de Pisa me agrada muito mais que o de Florença. Este Lungarno é um espetáculo tão amplo, tão magnífico, tão leve, tão alegre, que apaixona. Não vi nada parecido nem em Firenze, nem em Milão, nem em Roma. E verdadeiramente não sei se em toda a Europa se encontram vistas desta espécie.

Leopardi se encanta por Pisa, onde diz respirar ares de primavera até mesmo em pleno inverno. A cidade tem uma grande importância na carreira e na vida pessoal do poeta, que retoma, depois de dois anos de hiato, sua produção literária.

Pensando no poema que li na noite anterior, resolvo procurar a casa em que ele viveu seus sete meses pisanos. Deixo para trás o rio Arno e, caminhando pelas estradinhas adjacentes, entro em um beco tão estreito que não me furta aos olhos uma folha de papel colada em um muro descascado. Nela está uma poesia que leio fascinada e registro em uma foto:

> Onde nos levarão estas palavras?
>
> Cheias de raiva e rancor,/ estas doces palavras/ nos guiam em direção/ à verdade corrompida/ nos lábios dos mentirosos vagabundos./

O que nos resta dos nossos sonhos?/ Obstáculos a percorrer /por nós necessitados de esperança./ É a nossa mão que/ a este ponto dirige os pensamentos,/ profundos e amargos/ buscam um caminho./ Onde nos levará esta fuga/ distorcida de nós mesmos?

A autoria é do Movimento pela Emancipação da Poesia, um grupo que espalha pelas ruas de algumas cidades italianas versos escritos por seus membros e assinados com siglas. São anônimos que se dedicam a tornar a poesia mais presente no frenesi da vida cotidiana. Uma crítica feita por Leopardi quase duzentos anos atrás era exatamente o estado de efemeridade e superficialidade na poesia e na prosa modernas, exposto no poema "Scherzo", escrito em Pisa, em 1828.

Atravesso a Piazza dei Cavalieri e pouco depois encontro a casa onde morou Giacomo Leopardi, no número dezenove da Via della Faggiola. Um palácio tipicamente toscano, com as paredes amarelas e janelas verdes. Uma placa informa que estou no lugar certo: esta é a casa onde morou Giacomo Leopardi no inverno de 1827, e aqui, retornando às doces recordações da juventude, compôs o canto "A Silvia". A poesia que havia lido na noite anterior, segundo alguns estudiosos, é inspirada na jovem Teresa Fattorini, filha do cocheiro do pai de Leopardi, morta de tuberculose na flor da juventude. Nos versos, o poeta invoca o passado, quando da janela da casa onde nasceu, afundado nos livros, admirava Teresa enquanto ela trabalhava e cantava, questionando o passar do tempo e a condição humana.

Foi no ano vivido em Pisa que descobri as estações do ano. Diferentemente do que dizia Leopardi, a cidade não vivia em perene primavera. Era na Piazza Santa Caterina que eu observava admirada as transições comandadas pela natureza. De magras e ameaçadoras eu vi as árvores tornarem-se frondosas e generosas doadoras de sombras; dos tons de verde intenso ao amarelo-avermelhado que ia desbotando dia após dia, eu vi as cores caírem no chão formando um tapete ruidoso. Pisa é só um pequeno pedaço do jardim leopardiano que agora atravesso de mãos dadas com Lenu.

A Normale

Abro desajeitada o caderninho amarelo onde tenho anotados os lugares de Pisa citados por Lenu no segundo livro da tetralogia. Resolvo fazer o percurso que ela provavelmente fazia para chegar à Escola Normal. Atravesso os pórticos, deixando para trás o Lungarno Pacinotti, passo por construções medievais, igrejas, torres e chego à via XXIV Maggio, que hoje se chama Via Curtatone e Montanara. Aqui fica o Palazzo della Sapienza, no passado sede da Universidade de Pisa, hoje Faculdade de Direito.

O monumental palácio renascentista foi testemunha do início de uma revolução que ganhou projeção em toda a Itália. Em fevereiro de 1967, Pisa sediou um encontro nacional entre os reitores das universidades italianas. Dias antes, 72 estudantes ocuparam o Palazzo della Sapienza, em protesto contra uma reforma universitária iminente proposta pelo governo, mas principalmente influenciados pelos conflitos operários.

Os estudantes criaram um documento intitulado *A tese da sapiência*, em que defendiam a necessidade de uma organização representativa análoga aos sindicatos dos trabalhadores. Na discussão efervescente da dominação capitalista naquele momento, eles se consideravam, como estudantes, uma força de trabalho dominada pelas autoridades acadêmicas. Queriam, assim, ter o direito de participar das decisões que afetariam seu futuro.

A ocupação durou quatro dias e foi interrompida pela ação da polícia, mas o evento do início do ano de 1967 antecipou as lutas que marcaram 1968. Depois de Pisa, outras universidades foram ocupadas, e as ações estudantis contribuíram para a explosão dos movimentos operários, foco de tensão na Itália. É em Milão, durante uma assembleia na Universidade Estatal, que Elena Greco tem um contato mais profundo com o movimento estudantil, junto a uma imensa desilusão ao perceber que as discussões se concentravam principalmente nas figuras masculinas.

> Queria dizer algo a respeito do que eu tinha lido e pensado sobre os acontecimentos de Paris, mas a fala se retorcia em frases que permaneciam truncadas no pensamento. E me espantava que Mariarosa, tão capaz, tão livre, continuasse calada, limitando-se a aprovar única e exclusivamente, com belos sorrisos, o que Franco dizia.[83]

Em *A amiga genial*, o contato com os conflitos estudantis e com o movimento feminista desperta na protagonista Lenu uma nova consciência de si e do lugar das mulheres no mundo. Anos depois, no momento em que escreve a história de sua amizade, reconhece o papel de seu namorado Franco Mari nos anos em Pisa. Pelas ruas que estou percorrendo, o estudante e militante comunista conduziu, nas palavras da própria Lenu, sua reeducação, comprando-lhe vestidos, sapatos, livros e apontando o conteúdo intelectual que ela deveria consumir.

Sigo pela Via San Frediano e percebo a atmosfera típica dos arredores das universidades: bares, osterias, livrarias e fotocopiadoras que encadernam as teses dos futuros doutores. Atravessando a rua, entrevejo a opulente estátua do grão-duque

---

[83] E. Ferrante, *História de quem foge e de quem fica*, 2016, p. 67.

Cosme I, nas vestes de grande mestre da Ordem de Santo Estevão; estou em frente ao Palazzo delle Carovane, sede histórica da Escola Normal de Pisa.

A Escola Normal Superior de Pisa, ou Normale, foi fundada a partir de um decreto de Napoleão Bonaparte de 18 de outubro de 1810. À época, a Toscana era província do império francês, e Pisa foi a cidade escolhida para abrigar uma espécie de sucursal da Escola Normal Superior de Paris. A missão da instituição era formar jovens excelentes, aptos a transmitir os conhecimentos adquiridos como normalistas aos estudantes das escolas secundárias. Dentro das salas de aula e bibliotecas, respirava-se a alta cultura científica e literária.

Em 1889 a Normal abriu suas portas para estudantes mulheres. A primeira delas, matriculada no ano acadêmico 1889-1890, foi Erminia Pittaluga, estudante de Letras. Cornelia Fabbri, sua contemporânea, foi a primeira mulher italiana a formar-se em Matemática, em 1891. Das duas restam poucos vestígios, deslizes de uma cultura que continua apagando a biografia das mulheres. De Erminia, sequer uma imagem ou notícia de grandes feitos pós-diploma, apenas uma assinatura nos registros da Normal. A cidade natal de Cornelia Fabbri, Ravena, dedicou-lhe um jardim, ao lado da cadeia municipal.

Em 1932, em pleno regime fascista, a Escola Normal passou a ser dirigida por Giovanni Gentile, ex-normalista e ex-ministro da Educação do governo Mussolini.

Gentile era conhecido por ter idealizado uma grande reforma no sistema educacional do país, em 1923, que ficou conhecida como Reforma Gentile. A reformulação do sistema educacional era uma prioridade do governo de Mussolini, que, para silenciar a agitação estudantil contra a proposta, a definiu como "a mais fascista das reformas". Fundamentalmente meritocrática e censitária, focava a formação de futuros líderes do regime, por meio de uma relação indissolúvel entre professor e aluno e entre estado e sociedade. As mudanças no sistema garantiam que somente a elite do país conseguisse dar prosseguimento aos estudos elementares, limitando o acesso aos liceus, que eram a porta de entrada para a formação universitária. Assim, a camada menos favorecida que frequentava as escolas podia almejar somente posições como operários, artesãos e trabalhadores rurais.

As classes eram divididas por sexo, e uma das grandes novidades da reforma foi a fundação de liceus exclusivamente femininos, limitados a vinte instituições em todo o território do Reino da Itália. O artigo 65 do Regio Decreto de 6 de maio de 1923 estabelecia o objetivo do liceu feminino: "Os liceus femininos têm como finalidade transmitir um complemento de cultura geral às jovens que não aspirem nem a estudos superiores, nem ao conseguimento de um diploma profissional."[84] Assim, mesmo que as mulheres conseguissem superar o percurso da escola primária e secundária, eram bruscamente acordadas do sonho de tornarem-se emancipadas quando chegavam ao liceu.

O sistema arquitetado pela reforma fascista garantia o acesso das mulheres à escola, ao mesmo tempo que as limitava às condições do regime. Disciplinas como Filosofia, História, Geografia, Literatura, Economia Política e Direito tinham pouco peso no currículo, que privilegiava matérias como Canto, Dança, Desenho e Trabalhos Femininos. Na concepção patriarcal de Mussolini, o papel das mulheres era cuidar da família, na condição de reprodutoras de filhos que servissem à pátria.

Na história de Lila e Lenu, impressiona a obstinação de Oliviero, a professora do ensino fundamental, em garantir que as

---

84 RD de 6 de maio de 1923, número 1054, artigo 65.

meninas seguissem os estudos, como uma espécie de acerto de contas com o passado. De fato, seu rancor em relação a Lila, a ovelha que se perde do rebanho, não se dissolve, alimentando a sensação de ter falhado em sua missão. Olivieiro se mostra acalorada nas disputas entre as classes, colocando suas melhores meninas para desafiar os meninos do professor Ferraro com problemas de matemática, tabuada e verbos. "De fato, por algum motivo secreto, a professora Oliviero gostava de nos levar sobretudo para as classes onde era possível humilhar não tanto alunas e professoras, mas alunos e mestres."[85] A divisão das classes por sexo começou a desaparecer na Itália nos anos 1950, e, a partir da reforma de 1963, ganharam força as classes mistas.

É curioso, se pensarmos dentro do universo de *A amiga genial*, que Gentile tenha dedicado parte de seus estudos às teorias de Hegel, contestadas pela filósofa feminista Carla Lonzi. É a partir da leitura dos ensaios de Lonzi, especialmente "Vamos cuspir em Hegel", que Lenu desperta a consciência que a faz questionar as instituições, a família e a maternidade. Sua revolução pessoal é contada no terceiro volume da tetralogia, *História de quem foge e de quem fica*, no período em que ela é obrigada a deixar sua carreira de escritora para se dedicar ao casamento e às filhas, em uma Florença solitária e fria.

> O primeiro que li, atraída pelo título, foi um texto intitulado *Vamos cuspir em Hegel*. Li enquanto Elsa dormia no carrinho e Dede, de casaco, echarpe e gorro de lã, conversava em voz baixa com seu boneco. Cada frase, cada palavra me surpreendeu, sobretudo a ousada liberdade de pensamento.[86]

---

85 E. Ferrante, *A amiga genial*, 2015, p. 41.
86 E. Ferrante, *História de quem foge e de quem fica*, 2016, p. 274.

Gentile era declaradamente antifeminista. "Hoje, para nossa sorte, pode-se falar da mulher sem passar por feminista ou antifeminista. O feminismo é morto; e espera-se que junto dele seja morto seu adversário, que vivia unicamente de polêmica."[87] Essa frase foi proferida pelo filósofo em 1934, a Itália daquele período era o cenário onde a Immacolata, mãe de Lenu, e as mulheres do bairro projetavam seu futuro, construído nas ruínas de um país que contabilizava seus mortos: pais, filhos, maridos.

No período em que Gentile dirigiu a Escola Normal de Pisa, o acesso às mulheres foi suprimido. Somente em 1952, vinte anos após o veto, as mulheres puderam subir novamente as escadarias vasarianas do Palácio da Carovana, sede da universidade. É o período exato em que começa a narrativa de *A amiga genial*.

O voo de Lenu, ou a história de quem foge e de quem fica

Sentada nos degraus do Duomo, de frente para a famosa Torre de Pisa, vejo turistas em fila para visitar o monumento. Os policiais controlam a entrada e conversam entre si. O sol está baixando, e a temperatura abafada se assentando, é um fim de tarde bonito na Piazza dei Miracoli. Pergunto-me que milagre teria acontecido ali e descubro que o nome não tem origem religiosa, mas literária.

Em 1910, instigado pelo surgimento de máquinas capazes de voar, o poeta Gabriele D'Annunzio escreve o romance *Forse che sì forse che no*[88] [Talvez sim, talvez não], no qual uma das

---
87 Giovanni Gentile, *Opere complete, Preliminari allo studio del fanciullo* [Obras completas, preliminares ao estudo da criança], Florença: Sansoni, 1935, p. 81.
88 Gabriele D'Annunzio, *Forse che sì forse che no*, Milão: Mondadori, 2001.

personagens, a bordo de um pequeno avião de nome Árdea, sobrevoa Pisa e, encantada com catedral, batistério e *camposanto* [cemitério], denomina o conjunto arquitetônico de Prato dei Miracoli [Prado dos Milagres]. A passagem do livro sela definitivamente a nova denominação do lugar: Praça dos Milagres.

Pisa é o voo inaugural de Lenu. É sua primeira tentativa de escapar do labirinto que a aprisiona, construído por sua ancestralidade e reforçado pelas gerações sucessivas. Como o filho de Dédalo, ela prepara suas asas para fugir, ao mesmo tempo que luta bravamente contra muitos minotauros. Em queda livre, Lenu se precipita de volta ao bairro como no experimento realizado por Galileu séculos antes, na mesma torre que fez a cidade famosa. O equilíbrio é instável como Pisa.

Florença

> "Estava morando numa cidade sobre a qual não sabia nada, embora graças a Pietro agora a conhecesse em cada recanto, coisa que não podia dizer de Nápoles. Eu adorava as margens do Arno, fazia belos passeios por lá, mas não gostava da cor das casas, me deixava de mau humor. O ar arrogante de seus moradores – o porteiro do prédio, o açougueiro, o padeiro, o carteiro – me levava a ser igualmente arrogante, e daí nascia uma hostilidade sem motivo."
>
> ELENA FERRANTE, *História de quem foge e de quem fica*

Uma lembrança borrada

Em maio de 1969, em um belíssimo casarão histórico nas colinas que emolduram a cidade de Florença, um jovem casal recebe abraços e cumprimentos efusivos da elite intelectual italiana da época. Poucas horas antes, haviam trocado votos e alianças em um salão vermelho e púrpura, com cortinas vaporosas e drapeadas, tapeçaria setecentista dentro do Palazzo Vecchio, símbolo da cidade berço do Renascimento. A primavera começava promissora no ano em que o outono seria quente.

Na narrativa da tetralogia, um importante corte na relação das protagonistas acontece quando finalmente Lenu deixa Nápoles e se muda para Florença para se casar com Pietro Airota, filho de um respeitável intelectual e que acabara de conquistar uma vaga como professor na universidade. O contato com Lila perde a frequência, apesar de a amiga revelar sua presença nos dilemas cotidianos e nas lembranças de uma angústia que não cessa, mas se transforma.

Elena Greco e Pietro Airota se mudam para um apartamento confortável e luminoso, em San Niccolò, bairro no centro histórico de Florença, posicionado na margem esquerda do Arno, o rio que corta a cidade. Àquela época, o bairro ainda era um lugar que tinha a arte como herança principal, e as ruas desenhadas na cartografia de época medieval eram repletas de ateliês onde trabalhavam talentosos artesãos e tipógrafos. As atividades comerciais como açougues, confeitarias e oficinas mecânicas indicavam que a vida local corria dentro da normalidade. Hoje, é um território dominado por restaurantes, bares, *bed & breakfast* e pousadas luxuosas. Sua rua principal, via San Niccolò, tem suas paredes forradas com cartazes de artistas de rua e manifestos dos residentes e da associação do bairro denunciando e debatendo a gentrificação e a presença maciça do turismo.

Eu conheço bem San Niccolò, pois foi um dos meus endereços no período em que vivi em Florença, no início dos anos 2000. Na época, não frequentava bibliotecas ou museus, mas passava os dias dentro de dois importantes palácios do centro histórico, um na via Tornabuoni e outro na via Strozzi, que abrigavam duas das mais prestigiosas casas de moda italianas para as quais trabalhei. Meu apartamento estava localizado no mesmo bairro da família Airota e Greco, na via dei Bardi, uma rua muito estreita, paralela ao rio, que alguns metros acima mudava de nome e virava finalmente a via San Niccolò. Estava em busca de um novo lugar para morar depois de descobrir que a companheira com quem eu dividia o apartamento anterior embolsava parte da minha quota do aluguel alegando um valor mais alto do que de fato constava no contrato a que nunca tive acesso.

Poucos dias depois da descoberta, um senhor muito distinto, de aproximadamente 70 anos de idade, entrou na loja onde eu trabalhava oferecendo um gracioso apartamento para alugar. No final do expediente, à noite (eram as últimas semanas do inverno), eu e uma amiga atravessamos o Arno pela Ponte Vecchio e chegamos ao número nove da via dei Bardi, onde éramos aguardadas com calorosa simpatia. O apartamento ficava em um antigo palácio dividido, em tempos modernos, em várias habitações menores. Lembro-me de uma sala bonita e espaçosa, um piano, e das abóbadas do teto, típicas das construções florentinas, decoradas com delicados afrescos restaurados. Gianni e seu amigo Tiberio eram senhores elegantes; eu e Caterina, jovens mulheres cautas. Eu não tinha condições financeiras de arcar com o aluguel daquele lugar majestoso, mas havia uma solução. Ao lado do apartamento principal, com uma entrada "semi-independente", ficava um cômodo com um pé direito alto, onde Gianni havia mandado colocar uma escada e construir um mezanino com espaço para uma cama e um banheiro. A única entrada de luz era uma espécie de janela longa e achatada que ficava na parede oposta ao mezanino, portanto inacessível. Por um valor muito interessante, ele me prometeu providenciar um pequeno frigobar e um fogãozinho elétrico, elementos que faltavam para que o espaço se tornasse habitável. Tudo isso sem contrato formal, caução e intermediários, ou seja, uma solução muito razoável para quem não tinha muita escolha. Fechamos o negócio e uma semana mais tarde eu me mudei para o elegante bairro de San Niccolò.

Viver no centro histórico de uma das cidades mais bonitas do mundo me permitia olhar com confiança para as minhas conquistas e admirar os grandes feitos de quem havia passado pelas mesmas ruas no passado. Frequentemente, entrava na igrejinha de Santa Margherita dei Cerchi, onde dizem que Dante teria visto Beatrice[89] pela primeira vez. Experimentava um fascínio curioso por um quadro de pouca relevância artística que reproduzia o poeta no momento em que admirava sua musa acompanhada pela mãe e por uma dama. Na piazza Santa Croce, o olhar severo de Dante transfigurado na enorme estátua posicionada na frente da basílica provocava em mim uma espécie de temor: era a ele ou à enorme quantidade de santos e *madonas* espalhados por todos os cantos da cidade a quem eu devia respeito?

Sentia-me especialmente abençoada quando descia as escadas do edifício na via dei Bardi (aliás Beatrice Portinari se casou com um Bardi, uma família de banqueiros) e passava diante de um altar com uma estátua em terracota onde uma antiga placa dizia: Aqui esteve pela primeira vez em Florença São Francisco de Assis, em 1211. Mas assim como Lenu 35 anos antes, meu grande prazer era passear pelos Lungarni, as ruas que margeiam o rio Arno. Florença era uma cidade vibrante, repleta de estudantes estrangeiros, pessoas fascinadas pela arte, pela música, pela beleza. As noites de verão eram animadas na piazza Santo Spirito. Com Caterina, acendíamos nossos cigarros, empunhávamos nossas taças de vinho e absorvíamos aquela espécie de sotaque grosseiro e bruto, distante da arcaica e complexa língua de Dante. Para mim, Florença era isso, já para Lenu, a cidade era uma espécie de armadilha que fisgava pela beleza, mas se revelava árida, apesar das águas cintilantes do Arno.

---

[89] Beatrice Portinari (1266–1290) foi uma figura nobre da Florença medieval, cuja reputação na tradição literária é grandemente estabelecida como a musa inspiradora do poeta Dante Alighieri em sua obra-prima *A divina comédia* (trad. Eugenio Mauro, São Paulo: Editora 34, 2017). (N.E.)

Elena Greco chega em Florença em um momento promissor. A menina originária de um bairro pobre de Nápoles havia alcançado um diploma em um dos centros de excelência do país, publicado um livro de sucesso, colaborado com um jornal importante e conquistado um casamento invejável. Tudo parecia simétrico e proporcional como nas arquiteturas renascentistas da cidade. Para se integrar, ela conta com a orientação da sogra, Adele Airota, que a direciona na escolha dos móveis e na decoração da casa nova e transforma seu guarda-roupa.

Porém, um fato narrado por Greco à distância de anos, no momento em que está escrevendo sua história, desmente o aparente equilíbrio quando puxa pela memória as rasas lembranças do dia de seu casamento.

> É do ritual em si que não lembro nada, mas tenho em mente a longa discussão que tive com Pietro dias antes de nos casarmos. Disse a ele que pretendia tomar a pílula para não ter filhos, que me parecia urgente tentar antes de tudo escrever outro livro. Estava certa de que contaria imediatamente com a sua concordância. Em vez disso, para minha surpresa, ele se mostrou contrário.[90]

Mais adiante, ela narra com detalhes a noite de núpcias e de como teve a convicção de que naquele momento ficou grávida.

É a partir do casamento, da vida doméstica e da gravidez de Lenu que um dos grandes temas da tetralogia, a questão feminista, passa a ter um contorno mais definido na história. Na cidade em que os pintores mais exploraram a imagem maternal e amorosa de Nossa Senhora com o menino Jesus – *Madonna con il bambino* –, Lenu encontra o desamparo absoluto e começa

---

90 E. Ferrante, *História de quem foge e de quem fica*, 2016, p. 221-222.

a maior de suas transformações. A negativa de Pietro sobre o uso da pílula anticoncepcional desbota as paredes vermelhas da sala de casamentos do Palazzo Vecchio e torna o evento, para Lenu, uma lembrança borrada.

A História por detrás da história

Antes de 10 de março de 1971, data em que é revogado o artigo 533 do código penal que proibia a contracepção na Itália, as mulheres eram obrigadas a recorrer a abortos clandestinos ou a satisfazer a vontade de seus companheiros, da família e da sociedade em detrimento aos próprios interesses. A pílula anticoncepcional chega à Itália em 1967, mas para fins terapêuticos. Uma passagem bonita de um momento de trégua entre as tantas indisposições entre Lila e Lenu é quando elas procuram uma médica que lhes dá a receita para comprarem a pílula sem cobrar qualquer valor, alegando ser uma missão que havia assumido com outros amigos. "Ao se despedir – precisava voltar ao trabalho –, em vez de nos dar a mão, nos deu um abraço. Uma vez na rua, Lila falou séria: finalmente uma pessoa correta. Agora estava tão alegre, não a via assim há muito tempo."[91]

Depois da legalização, o acesso à pílula anticoncepcional encontrava outro entrave: as farmácias eram proibidas de comercializar fármacos com efeitos anticonceptivos, assim o medicamento era vendido como regulador do ciclo menstrual. Do ponto de vista prático, só em 1976 as mulheres puderam finalmente comprá-la com segurança e liberdade.

---

91 Idem, p. 188.

Já a regulamentação do aborto viria com uma lei de 1978, na gestão da primeira ministra de Estado mulher, Tina Anselmi,[92] figura de grande importância na política italiana, apesar de ser pouco celebrada por seus feitos. Durante sua gestão como ministra do Trabalho e da Previdência Social, apoiou a lei sobre a paridade de tratamento entre homens e mulheres no trabalho (Lei nº 903/1977). Como ministra da Saúde, testemunhou a assinatura de três legislações fundamentais: a Lei Basaglia (nº 180/1978), que promoveu a reforma psiquiátrica e instituiu o fechamento dos manicômios; a criação do Serviço Sanitário Nacional (nº 833/1978) e a regulamentação do aborto (nº 194/1978). Ela era católica e se viu em um duro conflito quando o parlamento italiano aprovou a lei da interrupção voluntária da gravidez. Foi pressionada e recebeu ameaças do Vaticano e da Pastoral da Saúde e, mesmo contrária à matéria, não se furtou à responsabilidade que seu cargo e o momento pediam.

Graças à lei assinada por Anselmi, na Itália as mulheres podem recorrer ao aborto nos primeiros noventa dias de gestação, em instituição pública, de forma completamente gratuita. Depois desse período, a interrupção é concedida se a gravidez apresentar algum perigo ou em caso de anomalia ou má-formação do nascituro. Todos os anos, o Ministério da Saúde apresenta ao parlamento uma relação atualizada sobre a situação da interrupção voluntária da gravidez na Itália. Os dados[93]

---

92 Tina Anselmi (1927–2016) foi uma política e sindicalista italiana, notável por seu papel na resistência contra o fascismo e como a primeira mulher a ocupar o cargo de ministra do Trabalho na Itália. Ela teve um papel crucial na luta pelos direitos das mulheres e na defesa dos princípios democráticos, influenciando significativamente a política italiana do pós-guerra.
93 Relazione del Ministro della Salute sulla attuazione della legge contenente norme per la tutela sociale della maternità e per l'interruzione volontaria di gravidanza (Legge

coletados pelo Instituto Superior de Saúde e apresentados em 2022, apontam que em 2020 houve queda de 9,3% nos abortos em relação ao ano anterior, o que faz com que o país tenha uma das taxas mais baixas de interrupção voluntária da gravidez. O mesmo relatório mostra, porém, que os objetores de consciência, ou seja, os profissionais que por princípios religiosos, morais ou éticos se recusam a realizar o procedimento, ainda são muitos – entre os ginecologistas, 64,6%; entre anestesistas; 44,6%; e entre profissionais não médicos, 36,2%.

Mas são as associações que se ocupam em fiscalizar a efetiva aplicação da Lei nº 194 a darem a real dimensão do problema hoje no país. Um relatório[94] da Associação Luca Coscione, publicado em 2022, mostra que existem 72 hospitais na Itália que têm entre 80% e 100% de objetores, 22 hospitais e quatro consultórios com 100% de profissionais objetores e 46 estruturas com um percentual de objetores que supera os 80%. Ou seja, muitas mulheres, para terem garantido o direito de interromper a gravidez, precisam passar por um verdadeiro calvário em busca de um hospital que realize o procedimento. Algumas procuram estruturas em outras cidades e estados. A lei assinada por Tina Anselmi no ano de 1978, em um clima político contrastante entre movimentos sociais, divergências entre partidos políticos e a igreja, nasce com o objetivo textual de tutelar a maternidade e a saúde da mulher. Em 2023, ela ainda não concebe o aborto como uma escolha de liberdade.

A gravidez de Lenu segue sem maiores problemas e, apesar de não conseguir espaço – como previsto – para escrever o seu

---

194/78. Disponível em www.salute.gov.it/imgs/C_17_pubblicazioni_3236_allegato.pdf Acesso em 18 jun. 2024.
94 Disponível em https://www.associazionelucacoscioni.it/cosa-facciamo/aborto-e-contraccezione/legge-194-mai-dati.

novo livro, ela continua viajando e produzindo artigos sobre as greves e os movimentos sociais. Nesse ponto, Elena Ferrante escolhe ilustrar um período importante da história italiana do último século, ao colocar Elena Greco narrando sua participação nos piquetes na frente das fábricas e suas conversas com operários, operárias e sindicalistas. Os últimos meses de 1969 ficaram conhecidos na Itália como *Autunno Caldo* [O outono quente], um importante movimento de ruptura dos trabalhadores com a velha classe operária e os antigos modelos de produção. Os operários, na sequência dos episódios que marcaram o ano anterior com os movimentos estudantis, começaram a se mobilizar para contestar não somente os baixos salários, o ritmo de trabalho e reivindicar tutela, mas também para questionar as hierarquias e o autoritarismo. A mobilização que aconteceu durante o outono quente teve como maior conquista o Estatuto dos Trabalhadores (Lei nº 300/1971), uma das principais normativas italianas em matéria de direito do trabalho.

O período da tetralogia napolitana que tem como cenário Florença (1969 a 1976) talvez seja o mais carregado de eventos que marcaram a história italiana na segunda metade do século XX. Os acontecimentos aparecem como elementos menores, citados em momentos do dia a dia, como uma notícia na televisão ou uma conversa entre os interlocutores, mas revelam, além da importância no cenário político, cultural e histórico, as mudanças profundas na vida dos personagens. São os anos dos movimentos estudantis e operários, das repressões violentas dos anos de chumbo, da tomada de consciência das mulheres e do desenvolvimentos de novas teorias do feminismo. Para a protagonista Elena Greco, o momento marca o seu despencar na vida doméstica, na experiência da maternidade, na solidão dolorosa dos passeios às margens do rio Arno.

A estudiosa Tiziana de Rogatis, em seu livro *Elena Ferrante. Parole chiave*[95] [Elena Ferrante. Palavra-chave], dedica um capítulo para analisar como Ferrante inclui a história (com H maiúsculo) dentro da narrativa, fugindo do risco de recorrer ao que ela mesma chama de "nostalgia", e investindo na "coleta das informações preliminares".[96] Nas reflexões da autora, essa escolha tem uma lógica de coerência com a questão do feminino na narrativa. Ela pontua que na literatura italiana, tradicionalmente, muitos foram os autores que se inspiraram em líderes carismáticos e militantes para contar certo período da história.

Nestas narrativas os personagens femininos desempenham frequentemente um papel secundário: companheiras de vida e de luta, algumas vezes personagens perturbadoras da militância feminista, outras vítimas da violência política e/ou sexual, as mulheres são sempre colocadas à margem do plot.[97]

Já que a subalternidade e a sensação de inadequação das personagens mulheres são uma constante, os fatos históricos aparecem como elementos menores, como se a capacidade de os apreender fosse reduzida. A mulher é o "sujeito imprevisto", nas palavras de Carla Lonzi,[98] figura importante do feminismo italiano dos anos 1970, que revoluciona o processo formativo da protagonista Elena Greco.

---

95 T. De Rogatis, op. cit.
96 E. Ferrante, *Frantumaglia: os caminhos de uma escritora*, 2017, p. 405.
97 T. De Rogatis, 2018, p. 248 [trad. livre].
98 Carla Lonzi (1931–1982) foi uma crítica de arte e feminista italiana, cofundadora do coletivo Rivolta Femminile [Revolta feminina] e autora do manifesto *Sputiamo su Hegel. La donna clitoridea e la donna vaginale* (Milão: Gammalibri, 1982), que critica a filosofia patriarcal e defende a autonomia das mulheres. (N.E.)

A chegada da primeira filha de Lenu, Adele, no início de 1970, escancara a fragilidade da instituição casamento/família na qual ela acabara de se precipitar. Na casa de San Niccolò, ela é engolida pela solidão de um puerpério doloroso. As paredes do escritório do marido são impenetráveis, os ouvidos de Airota insensíveis ao choro desesperado da filha recém-nascida. Enquanto seu companheiro produz, escreve artigos para revistas importantes e segue seu percurso de professor universitário, ela tem nos braços um bebê para alimentar e acalmar, e uma casa para colocar em ordem. Os poucos textos que consegue produzir em meio à rotina solitária e exaustiva de mãe são recusados pelo jornal para o qual colabora.

> Sofri, me dei conta de que, como por violentos abalos provenientes de profundezas inacessíveis, estava desmoronando rapidamente ao meu redor tudo o que até pouco tempo atrás eu considerara uma condição de vida e de trabalho já conquistada. Lia apenas para manter os olhos fixos num livro ou revista, mas era como se eu parasse nos caracteres e não tivesse mais acesso aos significados.[99]

É em um parque da cidade onde levava as filhas para passear – a segunda menina, Elsa, havia nascido na metade de 1973 – "sob um céu cinzento de fim de inverno" que Elena Greco entra em contato com a obra de Carla Lonzi. As frases fortes e assertivas que rompem as primeiras páginas do livro *Sputiamo su Hegel*[100] [Vamos cuspir em Hegel] fazem parte do Manifesto de Revolta Feminina, assinado por Lonzi junto com Elvira Ba-

---

[99] E. Ferrante, *História de quem foge e de quem fica*, 2016, p. 236.
[100] Carla Lonzi, *Sputiamo su Hegel, La donna clitoridea e la donna vaginale* [Vamos cuspir em Hegel. A mulher do clitóris e a mulher vaginal], Milão: Gammalibri, 1974.

notti e Carla Accardi,[101] pensadoras que, em 1970, fundam um dos primeiros grupos feministas italianos. A frase de abertura do manifesto, de Olympe de Gouges, ativista francesa que em 1791 publicou a *Declaração dos direitos da mulher e das cidadãs* [*Déclaration des droits de la femme et de la citoyenne*], parece condensar de certo modo a essência da própria tetralogia e a relação entre as protagonistas : "As mulheres serão sempre divididas umas das outras? Não formarão jamais um corpo único?" O manifesto foi distribuído em Roma, em julho de 1970, um momento histórico para o feminismo italiano.

Carla Lonzi joga luz a questões até então pouco consideradas dentro da luta feminista quando contesta a narrativa da igualdade em seu manifesto. "A mulher é o outro em relação ao homem. O homem é o outro em relação à mulher. A igualdade é uma tentativa ideológica para escravizar a mulher em níveis mais altos." Até aquele momento, as lutas nos movimentos estudantis e operários eram compartilhadas entre homens e mulheres, mas com papéis muito diferentes. As mulheres desempenhavam atividades marginais e subalternas na militância, determinadas por seus "companheiros revolucionários". Ironicamente eram chamadas de *angeli del ciclostile* [anjos do mimeógrafo], como se o seu papel se limitasse a operacionalizar de forma menos importante a revolução conduzida pelos homens.

No prefácio da segunda edição de *Vamos cuspir em Hegel*, de 1974, Lonzi expõe o incômodo que sentiu quando se deu conta de que a cultura masculina havia teorizado a inferioridade da

---

[101] Elvira Banotti (1933-2014) foi uma jornalista, escritora e ativista feminista italiana. Conhecida por seu engajamento na luta pelos direitos das mulheres e pelos direitos civis, Banotti foi uma figura proeminente no movimento feminista italiano nas décadas de 1960 e 1970. Carla Accardi (1924-2014) foi uma renomada artista plástica italiana, pioneira na arte abstrata e uma das principais figuras do movimento Arte Povera. (N.E.)

mulher fazendo com que essa inferioridade parecesse natural. Para ela, as próprias mulheres aceitavam o papel secundário pois quem as relegava a esse papel eram pensadores homens estimados: Marx, Lênin, Freud e outros. "Escrevi *Vamos cuspir em Hegel* porque fiquei muito incomodada constatando que quase todas as feministas italianas davam mais crédito à luta de classes do que à própria opressão."[102] No livro, Lonzi identifica muitas lacunas nas teorias dos pensadores. Em Marx, por exemplo, ela aponta que a ideologia ignora a contribuição da exploração do trabalho doméstico da mulher para o acúmulo de capital.

Lonzi discorre também sobre a sexualidade e questiona o funcionamento fisio e psicossexual das mulheres no ensaio "La donna clitoridea e la donna vaginale" [A mulher clitoriana e a mulher vaginal], em que elabora a imposição do orgasmo vaginal como modelo estabelecido pelo sistema patriarcal, privando a mulher da descoberta e da manifestação da própria sexualidade.

A liberdade de pensamento de Carla Lonzi e a desconstrução revolucionária que ela propõe de todas as manifestações da cultura patriarcal encontram um reconhecimento imediato na vivência de Lenu até então. O conteúdo de seus escritos representa para Elena Greco um resumo perspicaz da sua história. Sua subordinação aos livros e aos pensadores sem uma verdadeira visão crítica, a masculinização dos próprios pensamentos e discursos na busca por ser acolhida pela cultura dos homens, o descontentamento com o prazer sexual e o mais crítico naquele momento: a maternidade e a família. Lenu começa então a participar de reuniões de mulheres que falam sobre si e suas experiências, em busca do sentido da própria existência e subjetividade. Aqueles eram os encontros, à época de Carla Lonzi, conhecidos

---

102 Op. cit., p. 8 [tradução livre].

como grupos de autoconsciência que caracterizavam as práticas políticas do coletivo Revolta Feminina.

O envolvimento entusiasmado de Elena Greco com as ideias de Carla Lonzi e sua participação nos grupos de autoconsciência a levam a escrever um ensaio emocionado sobre "a invenção das mulheres por parte dos homens." A sensação vigorosa de trabalhar naquele texto depois da experiência com as teorias do feminismo traz Lila de volta ao palco dos acontecimentos. Para Lenu, só mesmo a amiga poderia pensar daquela mesma maneira, e imaginar um destino de colaboração entre as duas lhe fortalecia na empreitada da escrita. As reflexões de Greco neste momento sobre a amizade validam a frase de Olympe de Gouges que abre o manifesto do grupo Revolta Feminina. Nas palavras de Elena Greco: "É uma tristeza a solidão feminina das cabeças, dizia a mim mesma, é um desperdício esse excluir-se mutuamente, sem protocolos, sem tradição."[103]

A cidade das mulheres

No calor tórrido do verão florentino, eu procuro uma sombra para me esconder nas ruas estreitas do centro histórico, onde disputo espaço com os furgões que abastecem a cidade. Sempre me incomodei com o barulho que perturba o toar dos sinos e os gases que mancham as pedras seculares. Reviver a Florença de Lenu de forma objetiva não é muito fácil, já que nesta parte da história Elena Ferrante quase não cita as toponomásticas. De Nápoles, temos uma coleção de nomes e referências que quase nunca exaltam as belezas da cidade, já de Florença, a terra do Renascimento, das

---

[103] E. Ferrante, *História de quem foge e de quem fica*, 2016, p. 350.

simetrias e da graça, são poucas as menções às ruas e aos lugares que Elena Greco frequenta. É como se o assombro da beleza lhe fosse proibido por uma vida doméstica opressora em que os santos, anjos e as madonas fizessem parte de um pesadelo e as colunas simetricamente perfeitas a fechassem em uma prisão.

A poucos passos da Catedral de Santa Maria del Fiore e da Sinagoga de Florença, encontro uma portinhola no número 2b da via Fiesolana. Ali funciona a associação que leva o mesmo nome (Fiesolana 2b) e hoje abriga a Biblioteca Feminista de Florença. No passado, era nesse endereço que ficava a Libreria delle Donne [Livraria das Mulheres]. Nos anos 1970, no rastro do movimento feminista, essas casas despontaram em toda a Itália. Eram espaços administrados por mulheres de forma independente, onde além de comercializar livros escritos prevalentemente por autoras mulheres – as livrarias tradicionais tinham um acervo ínfimo –, promoviam-se encontros e manifestações em torno da questão feminista.

Em Florença, a livraria foi fundada em 1979 e inaugurada no ano seguinte. Nos anos de atuação, desenvolveu um trabalho importante de divulgação e documentação de livros, pesquisas e publicações. Em 2018, a Livraria das Mulheres encerrou suas atividades depois de anos em dificuldade com a crise do mercado editorial. Parte do acervo foi absorvido por uma biblioteca pública e o espaço da via Fiesolana foi ocupado pela associação que o transformou em uma pequena biblioteca.

Nem as paredes espessas do edifício antigo impedem a passagem do calor intenso para dentro dos dois cômodos da biblioteca. É um espaço pequeno, com uma grande prateleira, um sofá aconchegante, um divã de couro amarelo e uma mesa no fundo, para os encontros e reuniões. Sentada em uma escrivaninha em um ângulo que recebe abundantemente a brisa do ventilador, uma mulher sorridente me cumprimenta e me diz que todos os livros estão à disposição, que posso levar o que me interessa para casa e devolver em trinta dias. Dacia Maraini – uma das fundadoras de uma das Livrarias das Mulheres, em Roma – divide espaço com Jane Austen, Carla Lonzi, Luce Irigaray, Judith Butler, Lea Melandri, Natalia Ginzburg, Goliarda Sapienza, Oriana Fallaci, Virginia Woolf, Donna Haraway e, claro, Elena Ferrante, para citar alguns nomes.

Ela me conta que é uma das voluntárias da associação e que duas vezes por semana se alterna com outros membros para abrir as portas ao público. Conversamos sobre os clubes de leitura, as mostras de arte, palestras, festas, mas principalmente sobre os encontros de autoformação feminista, onde estudam textos importantes e discutem sobre as experiências pessoais e coletivas, uma nova versão dos velhos encontros de autoconsciência propostos a seu tempo por Carla Lonzi. Pergunto-me se Lonzi teria atuado, feito parte ou mesmo visitado os cômodos deste antigo edifício onde estou. Provavelmente não.

Lonzi nasceu em Florença em 6 de março de 1931, formou-se em História da Arte e, antes de se dedicar completamente ao movimento feminista, foi uma crítica de arte competente e respeitada. Morou em Paris, Roma e Milão, casou-se duas vezes e teve um filho, o músico Battista Lena. Um grave tumor a levou em 1982, aos 51 anos de idade. A Itália perdia a maior de suas pensadoras feministas. Elena Ferrante, a seu modo, assim como fez com outras autoras italianas, trouxe de volta o nome de Carla Lonzi ao citá-la como a grande inspiração no momento de amadurecimento de Elena Greco. Em Milão, a Livraria das Mulheres, em atividade desde 1975, é um dos pouquíssimos lugares onde encontrar as publicações do grupo Revolta Feminina e os textos e livros escritos por Carla Lonzi.

Renata Dionigi, uma das coordenadoras do espaço com quem estive em contato, diz receber muitos pedidos dos livros de Lonzi. O interesse pela pensadora movimentou o mercado editorial e os principais títulos da autora, depois de décadas, ganham nova edição a partir de setembro de 2023 pela editora milanesa La Tartaruga.

Não posso levar nenhum livro emprestado da Biblioteca Feminista, já que estou em Florença de passagem, mas compro uma caneca azul com o nome da associação e agradeço à voluntária pela gentileza, pela conversa e pelas atividades que realiza. Só ao sair me lembro de perguntar seu nome. Sorrio quando ela me responde: "me chamo Lina."

As cenas da citada série televisiva *My Brilliant Friend* gravadas em Florença exploram ângulos da cidade que reforçam o sentimento de opressão vivido pela protagonista Elena Greco. Em uma das cenas, os pórticos do Corredor Vasariano parecem espremer uma Lenu que manca, empunhando com agonia um carrinho de bebê. Em outra, os evangelistas Lucas, João e Mateus, segurando os seus próprios livros, parecem vigiá-la do alto dos nichos da igreja Orsanmichele enquanto ela caminha em direção ao estúdio de um homem com quem pretende trair o marido. O único lugar que parece fugir da ideia de aprisionamento, ironicamente, são os bucólicos jardins da casa onde mora com sua família. Se no livro Elena Ferrante elege o bairro de San Niccolò como residência dos Airota, na série a escolha cai sob o lado oposto do rio Arno, a Piazza Santissima Annunziata. É a única praça do centro histórico verdadeiramente renascentista, projetada por Filippo Brunelleschi, mais conhecido pela concepção da cúpula do Duomo de Florença.

O edifício escolhido para girar as cenas da vida familiar de Lenu fica em uma esquina da praça e é conhecido como Palazzo

Budini Gattai. É um belíssimo e robusto palácio em estilo maneirista feito de tijolos – algo incomum em Florença – e pedras antigas. O jardim interno tem uma coleção de camélias, azaleias e um exótico bosque de bananeiras. É nesta espécie de oásis que vemos Lenu entre os afazeres domésticos, os cuidados com as filhas e debruçada sobre a máquina de escrever no intento de produzir algo intelectualmente significativo.

De todos os detalhes da magnífica praça Santissima Annunziata, um desponta nas imagens da série como uma espécie de resumo simbólico deste período narrativo da tetralogia. Lembremos que é um momento em que a protagonista desperta para sua própria condição de mulher e se dá conta, na prática, de como a disparidade de gêneros no casamento e na parentalidade a oprime. Em um dos capítulos, Lenu aparece vestida com uma túnica celeste que lembra o manto sagrado de Maria, deitada em uma cama coberta por uma colcha com detalhes em renda. Ela recebe inerte o corpo do marido e, naquele momento, por meio da voz narrativa que acompanha a série, sabemos que eles concebem Elsa, sua segunda filha. A cena se funde com os detalhes de um edifício emblemático da praça. São medalhões azuis em terracota vitrificada com a forma de recém-nascidos envolvidos por faixas de pano. É uma imagem clara de como a vivência das mulheres, desde tenra idade, esteve destinada à opressão, e seus corpos aprisionados à maternidade.

Os medalhões são obra de Andrea della Robbia[104] e decoram a fachada do Spedale degli Innocenti [Hospital dos Inocentes], considerado o primeiro exemplo de arquitetura renascentista e um dos mais importantes símbolos da cultura

---

104 Andrea della Robbia (1435-1525) foi um escultor e ceramista italiano do Renascimento, conhecido por seu trabalho em terracota esmaltada. (N.E.)

humanística de Florença. O edifício foi projetado por Brunelleschi[105] em 1419 e em sua forma aparentemente simples traduz toda a complexidade das simetrias estudadas rigorosamente e propostas naquele período. Arcos, colunas, formas traduzem o pensamento da época baseado na simplicidade, linearidade, harmonia, leveza e funcionalidade.

Os recém-nascidos da fachada comunicavam exatamente a função do edifício. O Hospital dos Inocentes era um orfanato que recebia crianças que não podiam ser acudidas por suas famílias.

A primeira criança, uma menina, foi acolhida pelo instituto em 1445 e antecipou já àquela época a tendência que se confirmou por todo o período de funcionamento da instituição: o abandono de meninas sempre superou o dos meninos. As crianças eram deixadas na roda dos expostos, um mecanismo que funcionava com uma porta giratória e permitia entregá-las aos cuidados da instituição preservando a identidade de quem se via obrigado a abandoná-las. No caso do Hospital dos Inocentes, os bebês eram deixados em uma pia de mármore e posteriormente em uma janela gradeada. Eles eram cuidados por outras mulheres pobres que os amamentavam e recebiam uma espécie de salário da instituição.

Ainda hoje, o hospital acolhe crianças e famílias com dificuldades econômicas, financia pesquisas e estudos, assim como promove políticas públicas para a infância e a adolescência. Toda a sua história e o seu patrimônio são conservados no Museo degli Innocenti[106] [Museu dos Inocentes]. Nos vários testemunhos

---

105 Filippo Brunelleschi (1377-1446) foi um arquiteto, escultor e engenheiro florentino do Renascimento, notável por suas contribuições revolucionárias para a arquitetura e engenharia. Construiu a cúpula da Catedral de Santa Maria del Fiore em Florença, um marco arquitetônico da Itália. (N.E.)
106 O Museo degli Innocenti [Muse dos Inocentes] está localizado em Florença, Itália, e se dedica à história e ao legado do antigo Hospital degli Innocenti [Hospital dos

Mulheres comemoram referendo sobre divórcio, Piazza Santissima Annunziata. Florença, 1974.

recolhidos no arquivo da instituição e expostos no museu, é marcante o sofrimento das mulheres que entregavam seus filhos. A maioria delas tinha a esperança de resgatar as crianças em tempos melhores e para isso deixavam junto do corpo do bebê a metade de um objeto. A outra parte guardava consigo para poder apresentá-la e comprovar sua legitimidade no futuro. Assim, comparando as duas metades e atestando a autenticidade, uma autoridade poderia entregar a criança de volta aos pais verdadeiros. São muitos e variados os objetos em exposição no museu – moedas, pingentes, botões, pedaços de tecido, rosários e santinhos de períodos diferentes da história, dentre outros. No ano da unificação da Itália,[107] por exemplo, os sinais deixados figuravam Garibaldi, Vittorio Emanuele II ou Napoleão III.

Em 15 de abril de 1901, foi deixada no Hospital dos Inocentes uma menina chamada Flora. Com ela, a mãe entregou metade de uma cruz dourada de papel e uma poesia intitulada "A você, ó Flora", que dizia:

Bela és, no plácido
repouso do teu rosto,
posso ver um raio
do paraíso protegido,

Inocentes]. Abriga uma coleção que inclui obras de arte, documentos históricos e artefatos relacionados à história do hospital e ao cuidado infantil ao longo dos séculos. (N.E.)

107 A unificação da Itália (1848–1871) teve suas raízes nos movimentos nacionalistas e liberalistas que surgiram na Itália no começo do século XIX. Teve início com a influência das ideias iluministas e dos movimentos revolucionários europeus, como a Revolução Francesa, que inspiraram os italianos a buscar a unificação e a independência do domínio estrangeiro e do poder fragmentado exercido por diversos estados e potências na Península Itálica. Liderado por figuras como Giuseppe Garibaldi e Camillo Cavour, esse movimento promoveu a formação de um Estado nacional italiano, encerrando séculos de fragmentação política e consolidando a identidade nacional italiana. (N.E.)

e na alegria celestial
que do semblante derramas,
vejo dançarem as imagens
de teus sonhos jocosos
sonha! e nos sonhos, que a íris
derrame suas cores como chuva,
as estrelas seus raios,
as flores seus perfumes,
e a Beata Virgem
envie do seu pouso
uma coroa de anjos
que acaricie teu ser.[108]

A poesia foi escrita de próprio punho pela mãe de Flora, que, por razões óbvias, não a assinou. Dois anos depois, a mulher, que se chamava Palmira, voltou ao instituto, apresentando a sua metade da cruz dourada e recebendo de volta a filha. Um final feliz que poucas entre as milhares de crianças assistidas pelo instituto tiveram.

A história de Flora e os testemunhos das crianças deixadas no orfanato me fizeram pensar na maternidade de Lila. Ao longo da tetralogia napolitana, Lila torna-se mãe pela segunda vez em 1981, no segmento do livro denominado "Maturidade". É seu momento de maior estabilidade. Ela tem um bom relacionamento com seu companheiro, Enzo, e os dois fundam uma empresa rentável. A vida segue relativamente tranquila até o dia em que a menina, Tina, desaparece para sempre de suas vidas, de um modo misterioso. É uma dor lacerante que Lila não pode

---

108 Tradução livre.

suportar e aos poucos ela vai abandonando a possibilidade de resgatar a menina que ela foi e de escrever uma nova história.

Dou as costas para a Piazza Santissima Annunziata e caminho pela via dei Servi, uma passagem retilínea que une os dois maiores tesouros de Filippo Brunelleschi. À minha frente, a majestosa cúpula do Duomo me acolhe em sua sombra e eu me sinto como recebendo uma graça. Poucos metros mais adiante, contornando a catedral, chego ao destino pela Florença que vejo com meus olhos, mas que imagino como sendo de Elena Greco. Estou diante da Biblioteca das Oblatas. O meu desejo é visitar os espaços no edifício que homenageiam mulheres extraordinárias, mas acabo por descobrir que a história do lugar é sedimentada na ancestralidade feminina.

O antigo complexo onde hoje funciona a biblioteca foi o núcleo mais antigo do Hospital Santa Maria Nova, fundado entre 1285 e 1288 por Folco Portinari, pai de Beatrice Portinari. Influenciado por uma mulher chamada Monna Tessa, que o teria criado, Portinari constituiu uma espécie de congregação de mulheres responsáveis pela assistência aos enfermos e pelas diversas atividades necessárias ao funcionamento do hospital. As oblatas faziam parte de uma congregação laica, mas ainda assim viviam em semiclausura e completamente dedicadas aos cuidados com os doentes. A etimologia do nome "oblatas" vem do verbo "oferecer". A comunidade de mulheres dividia seus afazeres diários entre a limpeza dos quartos, a troca das roupas dos doentes, curativos, medicações, a cozinha, os refeitórios, o abastecimento e a organização do espaço. Muitas das meninas que entravam para a congregação pertenciam a famílias aristocratas e nobres da cidade. Por detrás da escolha, estavam várias razões, entre elas, uma fuga estratégica de casamentos arranjados ou situações familiares incômodas. No caso de meninas provenientes de realidades menos prósperas e numerosas, era uma maneira de evitar os onerosos dotes matrimoniais ou simplesmente de encontrar um bom destino para a filha que não podiam criar.

A congregação das oblatas sobreviveu no espaço até 1924, quando o antigo núcleo foi transferido para o hospital de Careggi, na periferia norte da cidade. Em 1936, o complexo arquitetônico foi comprado pela prefeitura de Florença. Hoje, sua parte mais bonita, o claustro, abriga uma biblioteca, uma joia escondida no centro histórico de uma das cidades mais famosas do mundo.

Acostumada com as formalidades italianas, entro no átrio da biblioteca abrindo a bolsa, pronta para apresentar um documento e ter acesso ao espaço. Uma atendente simpática me informa que não é necessário, e que eu posso explorar o lugar livremente. Percebo que o ambiente é bastante democrático: de uma sala linda e repleta de livros dedicados à infância vejo saírem mães e pais empurrando carrinhos de bebê, e de mãos dadas com crianças maiores. Poucos turistas, senhoras sentadas nos bancos do jardim, um homem idoso passeando com um cachorro enorme e peludo. Em uma mesinha, agraciada pela sombra de uma árvore enorme e secular, uma menina preta estuda um livro colorido e ilustrado de geologia.

O claustro, nos antigos conventos, era a área comum aberta, com corredores que possibilitavam a ligação entre os diversos ambientes, praticamente o ponto de confluência de toda a vida conventual, lugar de encontro entre a comunidade. É bonito ver que sete séculos depois, o claustro das oblatas ainda tenha a mesma função, agora tecida pelos livros.

Subo até o primeiro andar e entro silenciosa em uma das salas, passeando por prateleiras novas, bem distribuídas. Um homem lê o Corriere della Sera, alguns jovens usam os computadores. Passeio pelos nomes de autores de quadrinhos, reconheço

DVDs de séries e filmes dos anos 1990, me interesso pelos cantores italianos dos CDs expostos. Finalmente, em uma das paredes encontro o nome que, tímido diante da grandeza da personalidade que representa, intitula a sala. Uma placa retangular, de cor laranja, uns 30 centímetros de comprimento, o suficiente para conter as sílabas que formam Carla Lonzi. A homenagem foi feita em 2019, por iniciativa de associações feministas e de uma moção da secretaria de cultura. Outra sala da biblioteca foi dedicada à talentosa escritora inglesa lésbica Violet Trefusis.[109] Ela viveu por muitos anos com Vita Sackville-West, que teve um envolvimento importante com Virginia Woolf nos anos 1920.

As homenagens feitas pela Biblioteca das Oblatas, um lugar erguido e conduzido por mulheres, estão longe de ser uma iniciativa de reparação histórica, mas apontam um olhar respeitoso também na direção de ativistas contemporâneas. Duas delas são estrangeiras, não europeias e não brancas: Reyhaneh Jabbari foi executada em 2014 no Irã, aos 26 anos, por ter matado o homem que a estuprou. Sua história causou comoção mundial, com diversos apelos da Anistia Internacional para que suspendessem a execução. A ela é dedicada uma das salas de leitura do primeiro andar.

Mas é no terraço deste edifício secular e tão simbólico que o nome de uma mulher que representa a história de luta pela liberdade de tantas outras desponta em uma pequena placa: Marielle Franco. A vereadora carioca, como ela mesma costumava dizer,

---

109 Violet Trefusis (1894–1972) foi uma escritora britânica, conhecida por sua intensa vida amorosa e por suas obras literárias, que frequentemente abordavam temas de amor não convencionais e relações homoafetivas. Ela ganhou destaque por seu relacionamento com a escritora Vita Sackville-West. Entre suas obras estão *Broderie Anglaise* [Bordado inglês] (San Diego: Harcourt, 1985) e *Hunt the Slipper* [Caça ao chinelo] (Nova York: Doubleday, 1984). (N.E.)

cria da Maré (em referência ao lugar onde nasceu e cresceu, o Complexo da Maré, no subúrbio do Rio de Janeiro), foi assassinada no dia 14 de março de 2018, aos 38 anos de idade. Marielle era ativista pelos direitos humanos e lutava pelos moradores das favelas, negros e negras, pelas mulheres e pela comunidade LGBTQIAPN+. Sua execução e do motorista Anderson Gomes, que a acompanhava naquela noite, despertou a indignação da sociedade, e a repercussão do crime foi mundial.

Em 15 de março de 2021, à distância de três anos do assassinato, a portas fechadas por causa da pandemia de covid-19, foi realizada uma cerimônia para intitular a ela o terraço panorâmico da Biblioteca das Oblatas. Na ocasião, o representante da prefeitura de Florença, Alessandro Martini, explicou o porquê da escolha do terraço para a homenagem: "Florença, cidade acolhedora e atenta à dignidade das pessoas, quis dedicar a ela um lugar da cultura no coração da cidade, frequentado por jovens e localizado no alto. No alto, porque queremos que a história de Marielle seja para nós um exemplo de empenho virtuoso para levar adiante de cabeça erguida, hoje e amanhã."[110]

Monica Benício, vereadora no Rio de Janeiro e companheira de Marielle, gravou um vídeo que foi reproduzido em uma das salas da Biblioteca das Oblatas na ocasião de um encontro sobre a mulher, poucos meses depois da inauguração do terraço. Ela evocou o lema que Marielle usou desde o início de sua campanha eleitoral e que levou pela vida: "eu sou porque nós somos", e relembrou que o mote referenciava aqueles que vieram antes e construía para aqueles que viriam depois.

A placa com o nome de Marielle Franco fica em uma coluna no ângulo de um corredor. A sensação é de estar a dois palmos de

---

[110] Tradução livre.

distância da cúpula de Brunelleschi. É um lugar tranquilo, simples, despido de qualquer decoração supérflua, como os conventos deveriam ser nos anos 1300. Era aqui onde as meninas e mulheres oblatas estendiam os lençóis do hospital e as roupas dos doentes para secarem ao sol. Os suportes que elas usavam ainda estão lá, entre uma coluna e outra. Hoje, as mesinhas e cadeiras coloridas são ocupadas principalmente por jovens que parecem, como todo mundo em Florença, virem de lugares tão diversos quanto suas roupas, feições, cor da pele e cortes de cabelo.

Estou sentada em uma cadeira bem de frente para a placa. Observo as nuvens deslizando por trás da cúpula e atravessando a coluna com o nome: Marielle Franco – ativista pelos direitos humanos. Vejo placas como essa diariamente caminhando pelas ruas, afixadas em casarões antigos por onde passaram pessoas importantes alguns séculos atrás. Santas e santos, nomes célebres, outros menos conhecidos, alguns com um bom motivo para estarem ali e outros não. Penso na força do nome de Marielle e nas novas perspectivas de mundo, nos sopros de mudança. Na chuva, no vento, no frio do inverno e nos próximos sóis que provavelmente desbotarão seu nome. A placa cor laranja registra também o ano de nascimento e de morte de Marielle: 1979–2018. Penso em como a matemática, uma ciência exata, pôde ser desafiada dessa maneira tão cruel e me pergunto: em quantos anos será necessário trocá-la por uma nova placa, brilhante? Quantas pessoas que, visitando este terraço em Florença e não a conhecendo, buscarão saber quem ela foi?

Marielle está no alto, sobre o alicerce das oblatas, aquelas que se ofertavam, que ofereciam sua força, sua fé, sua energia e suas mãos por outras mulheres e pelos homens, pelos frágeis, pelos vulneráveis, pelos que não tinham uma casa para onde retornar. Nós somos porque fomos, nós somos porque somos.

De volta a Nápoles

A trilogia social bourbônica

No centro de Nápoles, entre monumentos, castelos e estátuas celebrativas desponta um mastodôntico elefante branco. O Real Albergue dos Pobres, conhecido também como Palácio Fuga, em homenagem ao arquiteto que o projetou, Ferdinando Fuga, é um complexo edificado a partir de 1751, na Praça Carlos III. Um enorme caixote retangular, com cinco andares repletos de janelas, uma escadaria monumental e três arcos fechados por um tímpano em estilo clássico. A aparência da construção remete aos palácios da realeza. O Real Albergue dos Pobres, desejo de Carlos III de Bourbon, à época rei de Nápoles, impressiona pela dimensão. A fachada toma 360 metros da praça, e só a superfície de área coberta ocupa 103 mil metros quadrados. É de se espantar que estejamos diante de apenas um quinto do que previa o projeto original, interrompido em 1816.

Carlos III, monarca experiente, governou o reino de Nápoles em um período de renascimento político (1734–1759), promoveu reformas econômicas e investiu na cultura, motivado pelos ideais do Iluminismo. Algumas das obras arquitetônicas de maior relevância em Nápoles foram construídas durante seu reinado: o Teatro São Carlos (1737), o Palácio Real de Caserta – Reggia di Caserta (1752) e o Museu do Palácio Real de Capodimonte (1757). O objetivo central de uma obra tão grandiosa como o Albergue dos Pobres era projetar um espaço para abrigar os miseráveis do reino, de todos os gêneros e idades.

O decreto oficial de criação previa um centro assistencial para 8 mil pessoas. Ali, os doentes recebiam tratamentos, os jovens eram instruídos, e os "vagabundos e ociosos" eram transformados em força de trabalho para incrementar a produtividade. A ideia beira o surreal: um espaço para abrigar os pobres construído nos mesmos moldes dos palácios da realeza. Em uma estranha dinâmica de contrapeso, a obra nascia contemporaneamente à Reggia di Caserta, a suntuosa sede da dinastia dos Bourbon, nos arredores de Nápoles.

A estrutura do Real Albergue dos Pobres tinha quatro pátios internos, que dividiam homens e meninos de mulheres e meninas. Uma igreja, posicionada no centro, convergia as quatro unidades, e as práticas religiosas dos internos aconteciam aos domingos, o único momento em que se encontravam. O projeto do arquiteto Ferdinando Fuga sob o ambicioso comando do monarca ficou incompleto. Além do custo insustentável da obra, os sucessores de Carlos III tiveram que lidar com problemas políticos, como o avanço dos franceses à conquista da capital do reino, em 1799. O enorme palácio acumulou algumas funções ao longo dos anos que seguiram sua construção: enquanto abrigava a população pobre, foi também sede de uma grande fábrica de tecidos, um reformatório, uma prisão e uma escola para crianças com dificuldade auditiva e de fala. Mas seu grande trunfo foram as escolas e os laboratórios que ensinavam artes e ofícios aos mais jovens, para favorecer seu ingresso no mercado de trabalho e sua reintegração na sociedade. Técnicas artesanais, como bordado com fio de ouro, marcenaria, fundição de metais, desenho e entalhe, eram algumas das atividades propostas aos internos. Aulas de música e canto também faziam parte da rotina, humanizando com beleza o ambiente e a vida de crianças tão marcadas pela adversidade.

Um dos momentos de grande atividade do Albergue dos Pobres foi o imediato pós-guerra. Em um cenário de destruição e sem perspectivas, mulheres que perderam os maridos se viram improvisadamente como chefes de famílias numerosas e foram obrigadas a renunciar a um ou mais filhos, entregando-os aos cuidados da instituição. As crianças viviam no monumental edifício da Praça Carlos III, onde estudavam e aprendiam uma profissão nas oficinas. Gennaro Rollo, escritor e pesquisador napolitano, publicou em 2016 um romance histórico chamado *Il Serraglio*, a partir de entrevistas feitas com pessoas que viveram no Real Albergue dos Pobres. Ele me conta que as oficinas foram introduzidas pouco tempo depois do início da construção do edifício e que serviam para autofinanciar a obra. Carlos III buscou em toda a Europa os melhores mestres de artes e ofícios para ensinar na instituição. O pesquisador pontua:

> *A produção das oficinas se adaptava ao que acontecia fora dos portões do Albergue dos Pobres: produção de armas e indumentárias para os soldados em tempos de guerra; carruagens para o rei e cortinas para o Teatro São Carlos em tempos de paz. Em pouco tempo esse sistema gerou um círculo virtuoso e contribuiu para que o Albergue se tornasse um verdadeiro polo de excelência.*

Além das oficinas, que incluíam fundição, carpintaria, um grande ateliê de costura, laboratórios de culinária e uma lavanderia industrial, o Albergue dos Pobres oferecia atividades esportivas e culturais. A instituição tinha seu próprio time de futebol e uma banda musical, de onde saíram alguns dos artistas que integraram o coral e a orquestra do prestigioso Teatro São Carlos. Mas a função mais importante do Real Albergue dos Pobres foi sem dúvidas proporcionar aos internos a possibilidade de aprender a ler e escrever, conseguir um título de estudo e exercer um ofício que garantisse seu sustento no momento de deixar a instituição, quando completassem dezoito anos.

As memórias visuais mais tocantes desse período são do fotógrafo David Seymour (1911-1956), conhecido como David Chim, cofundador da Magnum Photos, uma das maiores agências fotográficas do mundo. Em 1948, a Unicef pediu a Chim que realizasse uma reportagem fotográfica, retratando como viviam as crianças na Europa devastada pela Segunda Guerra Mundial. Por seis meses ele viajou pelo continente e, na Itália, fez imagens em Roma e Nápoles, registrando os internos do Albergue dos Pobres. Algumas das fotografias foram publicadas no livro *Children of Europe*,[111] editado pela Unicef. O prefácio é uma carta escrita por uma criança relatando os horrores que vivia no período. O texto diz que em toda a Itália existiam 3 milhões de crianças sem teto, e em Nápoles viviam 75 mil órfãos. A publicação foi de grande importância para que os estadunidenses entendessem e apoiassem o Plano Marshall, que ajudou a reconstruir a Europa.

Algumas das fotos feitas por David Chim foram publicadas na edição de 27 de dezembro de 1948 da revista *Time*. A capa mostra um fragmento dos afrescos que Giotto realizou para a Capela dos Scrovegni, em Pádua, entre 1304 e 1306. A cena da Natividade, com os tons azulados e brilhantes, é uma referência às comemorações natalinas, que pautavam a edição. O título da reportagem de Chim é "Crianças da Europa: o Natal chega enquanto muitos deles ainda precisam de ajuda". Uma das imagens mais chocantes mostra Italo Renzetti, um menino de onze

---

[111] David Seymour, *Children of Europe*, França: Unesco, 1949. Disponível em https://davidseymour.com/wp-content/uploads/2020/01/Seymour-UNESCO-children.pdf. Acesso em 12 abr. 2024.

anos, com a face colada em um livro em braile, que ele explora com o nariz e os lábios para aprender a ler, já que não pode usar os dedos por ter tido os dois braços amputados. Outra registra duas meninas vestidas com roupas velhas e rasgadas, uma delas segura uma boneca sem braços e cabeça. Crianças brincam entre ruínas, trabalham com enxadas no campo ou estudam em escolas sem estrutura e materiais adequados. Enquanto deslizo as páginas da mesma *Time*, surpreendo-me com um registro que mostra o tamanho da discrepância: um bebê gordinho e vestido com esmero descansa nos braços de seus familiares. São as primeiras fotos oficiais de Charles Philip Arthur George, o recém-coroado Charles III, que nascera pouco mais de um mês antes.

Entre as fotografias feitas por Chim que não foram publicadas pela revista, mas fazem parte do acervo do projeto, existe uma em especial que me chama a atenção. Ela foi feita no Albergue dos Pobres. É a imagem de uma menina vestida com um cardigã preto com um rasgo no ombro, lábios grossos e olhos amendoados muito pretos, que encaram com desconfiança a câmera. Ao seu lado, outra menina sorri, enquanto as mãos magras bordam um paninho branco. Espantosamente, a protagonista da foto lembra Ludovica Nasti, a atriz que interpreta Lila Cerullo quando criança na série televisiva *My Brilliant Friend*. Mais de uma fonte que pesquisei afirma que as jovens da foto eram prostitutas recolhidas pela instituição e educadas por freiras, que lhes ensinavam trabalhos manuais, como o bordado. Quando olho para essa imagem feita em 1948, meu pensamento ultrapassa as paredes grossas do monumental Real Albergue dos Pobres, que de realeza não guarda qualquer sinal, para cair nas ruas da cidade. Imagino o Rione Luzzatti e as duas meninas, Lila e Lenu, à época com quatro anos, entre os entulhos do que sobrou da guerra. Apesar da pobreza em que vivem, elas terão um futuro melhor.

Família exibe os produtos de sua charcutaria. Nápoles, 1960.

Procuro pelos arquivos de jornais daquele ano, e uma manchete de uma das edições do mês de dezembro do cotidiano *Il Mattino* (à época *Il Risorgimento*) diz: "A partir de amanhã fica abolido o racionamento de açúcar". Lembro-me imediatamente de Nunzia Cerullo, a mãe de Lila, que, quando chamada à escola para tomar conhecimento da genialidade da filha, leva como presente à professora Oliviero um pacote de café e outro de açúcar.

Existe um conceito entre os napolitanos que parece uma espécie de frase feita, dita com pequenas variações, e que eu já escutei de pessoas diferentes, inclusive de Elena Greco, pela escrita de Elena Ferrante. É a ideia de que Nápoles é uma mulher muito bonita que procura esconder suas feridas com uma maquiagem a princípio bem-sucedida, mas passível de desaparecimento ao primeiro suor ou à primeira lágrima. Quando deixo Corso Garibaldi e desemboco na Praça Carlos III, pergunto ao taxista se ele sabe do que se trata a colossal construção. Ele me diz apenas que é um edifício abandonado, como tantos em Nápoles, sem me informar o nome, a função, o passado. É só mais um. Mais uma passagem da tetralogia me vem à mente. Desta vez, é um trecho da "História do rancor", parte dedicada à velhice, no último livro. Nele, Lenu pontua o momento em que deixa Nápoles definitivamente, em 1995, criticando terrivelmente as tentativas de ressurreição da cidade. "Que ressurreição era essa? Apenas uma maquiagem de modernidade espalhada aqui e ali ao acaso, com muita fanfarronice, sobre o rosto corrompido da cidade."[112]

O Real Albergue dos Pobres há muitos anos tem sido um problema para o governo da cidade. O terremoto de 1980 provocou a queda de algumas partes do robusto edifício, contribuindo para aumentar o abandono em que a estrutura já se en-

---

112 E. Ferrante, *História da menina perdida*, 2017, p. 333.

contrava naquele período. Hoje, parte do complexo é ocupado por uma pequena academia onde se ensinam judô e ginástica artística, e uma das alas é habitada regularmente desde o pós-guerra, quando algumas famílias que tiveram suas casas destruídas nos bombardeios foram ali alocadas.

Desde o ano 2000, quando um pequeno restauro foi realizado, estudiosos colocaram na pauta algumas ideias para a revitalização do antigo edifício, mas a administração pública, desde então, procura um consenso e fundos para que se possa reativar o espaço. As propostas vão da construção de um museu (que seria um dos maiores da Europa) à abertura de um polo de alta moda. Gennaro Rollo, que estudou com profundidade as vicissitudes do Real Albergue dos Pobres, tem uma opinião. Para ele, a chave para a recuperação do edifício está no seu espírito e na sua natureza mais íntima: a multifuncionalidade. Ele acredita que em um nível mais profundo, a instituição nunca foi somente assistencialismo. "Tudo, desde o percurso de estudo até o profissionalizante, mirava a enriquecer os internos, a formá-los para que tivessem uma própria independência e um papel ativo uma vez fora dali, na sociedade." Assim, o enorme elefante branco deveria abarcar finalidades diferentes. "Os conflitos para uma coisa tão racional quanto complexa são consideráveis, talvez seja esse o motivo pelo qual prometem reabrir o Albergue, mas pontualmente seus portões continuam fechados."

Em janeiro de 1952, o jornal semanal *Il Mondo* publicava uma matéria de uma jovem jornalista chamada Anna Maria Ortese,[113] intitulada "La città involontaria" [A cidade involuntária]. A re-

---

[113] Anna Maria Ortese (1914–1998) foi uma escritora e jornalista italiana. Ela recebeu diversos prêmios literários ao longo de sua carreira, incluindo o prestigioso prêmio Strega. Dentre suas obras estão *Il porto di Toledo* [O porto de Toledo] (Roma: Adelphi, 1998) e *Il mare non bagna Napoli* [O mar não banha Nápoles] (Roma: Adelphi, 2008). (N.E.)

portagem, de página inteira, era ilustrada com uma imagem em preto e branco de uma mulher robusta de cabelos presos, vestida com uma roupa preta, meias e tamancos, sentada em uma calçada e cercada de crianças sujas e maltrapilhas, que a observam divertidas. Com o braço direito dobrado, ela leva à boca um frasco de vinho, o gargalo colado nos lábios, e, com os olhos fechados, saboreia ávida as últimas gotas de um prazeroso torpor.

A legenda da foto diz tratar-se de uma rua qualquer do porto de Nápoles, mas, para aquela reportagem, Anna Maria Ortese tinha entrado pela primeira vez no Palazzo dei Granili, àquela época um alojamento para as famílias que tinham perdido suas casas durante os bombardeios da Segunda Guerra Mundial.

A enorme construção fazia parte do que os arquitetos e estudiosos da história de Nápoles costumam chamar de trilogia social, conjunto das três obras projetadas por Ferdinando Fuga, a pedido de Carlos III, que se encaixavam em sua ideia de cidade do futuro: o já citado Real Albergue dos Pobres, o Cemitério das 366 fossas e o Palazzo dei Granili. Este último foi construído a partir de 1779, com a atribuição de estoque de grãos e mantimentos. O projeto seguia as mastodônticas formas propostas pela arquitetura de Fuga e não tardou, assim como o Albergue dos Pobres, a assumir outras funções. Virou depósito de armas, caserna militar, prisão, abrigou os doentes durante o grande surto de cólera, até tornar-se o novo lar para os desabrigados. A reportagem em que Anna Maria Ortese denunciava as condições em que viviam as famílias no Granili é, ainda hoje, um dos testemunhos mais chocantes da miséria que assolou Nápoles no pós-guerra. O texto foi publicado sucessivamente no livro *Il mare non bagna Napoli* [114], de 1953, a obra ainda hoje mais conhecida de Ortese.

---

114 A. M. Ortese, op. cit.

Àquela época, segundo o relato da escritora, o edifício do Granili abrigava 3 mil pessoas, divididas em 570 famílias, com uma média de seis pessoas por família. Na mesma casa viviam até cinco famílias diferentes. Os ambientes tinham odor de latrina e mofo, e eram iluminados por lâmpadas muito fracas; as pessoas não tinham ocupação ou propósito e vagavam pelos corredores como mortos-vivos. As crianças mal falavam, e brincavam de jogar pedras umas nas outras. O que se passava dentro do Granili era uma existência suspensa, dizimada pelos horrores da guerra, pela decadência do corpo, da perda de bens e afetos. A miséria na qual os moradores viviam os imbuía de uma espécie de instinto primitivo, que lhes tirava toda a dignidade e os trancafiava em uma espiral de loucura dentro de um edifício construído para ser um depósito de coisas.

Nas passagens mais terríveis de sua visita ao Granili, Ortese descreve a morte inesperada de um menino de sete anos e seu funeral improvisado, além da visita a um bebê "com rosto bizarramente gentil e de adulto" cujo berço era um caixote de Coca Cola. Essa "casa de mortos" ou "lugar dos aflitos" era também uma metáfora do mundo lá fora. Ortese relata que à medida que ia subindo do espaço térreo até o segundo e o terceiro andar, o aspecto dos aposentos e das pessoas melhorava, assim como a iluminação, que de pequenos pontos de luz se desenvolvia em lâmpadas elétricas. Mas isso não dissolvia a terrível angústia impregnada naquelas paredes. Cerca de um ano depois da publicação da reportagem de Anna Maria Ortese, a sua "cidade involuntária" finalmente desabou. O Palazzo dei Granili foi demolido a partir de um decreto ministerial em 1953, e seus moradores foram realocados em casas populares na periferia da cidade. A região onde ficava a construção dista pouco do Rione Luzzatti, o bairro de Lila e Lenu. No livro de Ferrante, o Granili aparece em duas ocasiões. A primeira, quando as amigas sobem no carro novo de Stefano Carracci, "uma mancha vermelha que irradiava luz", para um passeio. Ele as leva para "os Granili", na zona portuária, onde Lila observa: "Aqui a miséria é pior que lá no bairro."[115] A segunda, anos depois, quando o casamento de Stefano e Lila enfim desmorona e Lenu vai atrás da amiga na nova casa que compartilha com Enzo Scanno, no bairro de San Giovanni a Teduccio.

O conceito recorrente de que Nápoles disfarça suas feridas com maquiagem e fanfarronice pode explicar o preço caro que Anna Maria Ortese pagou pela famosa reportagem sobre o Granili. À época, não só o relato, mas todo o livro *Il mare non bagna Napoli* foi considerado uma espécie de propaganda contra Nápoles, e a polêmica que se criou em torno das críticas a Ortese foi tamanha, que a escritora viveu uma espécie de exílio voluntário, afastando-se para sempre da cidade que amava.

Morte, dissolução, miséria e medo são assombrações frequentes da infância de Lila e Lenu, que retornam na vida adulta, como um sinal vermelho que dificulta avançar sem ter de pagar um pedágio. Por mais que uma personagem como Elena Greco tente se afastar de suas origens, do bairro e da família sem recursos, é para o mesmo lugar que ele volta com frequência em um incessante movimento de atração e repulsão. Em *Frantumaglia*, Elena Ferrante explica que os desvios de todas as personagens, da infância até a velhice, propositalmente desembocam na topografia do bairro e da cidade.[116] É interessante pensar que, a pouca distância desse espaço em que as lembranças de infância se apresentam como sombras carregadas em um dia

---

115 E. Ferrante, *A amiga genial*, 2015, p. 235.
116 E. Ferrante, *Frantumaglia: os caminhos de uma escritora*, 2017, p. 371.

de temporal, está a construção que conclui o projeto da trilogia social proposta por Carlos III de Bourbon. De um lado, a esperança de redenção simbolizada pelo Albergue dos Pobres, a maior das utopias, do outro a miséria e as ruínas do Palazzo dei Granili. O encontro desses dois mundos está aos pés da colina de Poggioreale, no Cemitério das 366 fossas.

Construído em 1762, foi um dos primeiros cemitérios públicos da Europa. À época, os corpos eram enterrados no subsolo dos hospitais, em grutas, na periferia da cidade e na zona rural. Carlos Bourbon, imbuído das ideias iluministas, decide dar um destino decente aos mortos de classes sociais menos favorecidas e encomenda mais um projeto ao arquiteto Ferdinando Fuga. O monarca antecipou a decisão histórica de Napoleão Bonaparte de 1804, que, por meio do Decreto de Saint Cloud, estipulou o posicionamento das sepulturas fora das muralhas das cidades, em locais arejados, por questões higiênicas e políticas, tornando a matéria competência da administração pública, não mais da igreja. O Cemitério das 366 fossas foi uma cidade dos mortos pioneira e impessoal. Um espaço essencial, assim como foi a vida das quase 700 mil pessoas que ali repousam. Visto de cima, é um grande quadrado vazio, com algumas vegetações que invadem as fissuras do pavimento, o que indica seu estado de abandono. As sepulturas seguem uma ordem precisa, as 366 fossas correspondem aos dias que compõem o ano, incluindo os anos bissextos. O sistema era simples: todos os dias era aberta uma só fossa, onde eram enterrados os defuntos daquele dia específico. Depois de fechada e sigilada, a mesma fossa poderia ser aberta somente um ano depois, para receber os corpos da mesma data, do ano sucessivo. A fossa de número sessenta era aberta a cada quatro anos, pois correspondia ao dia 29 de fevereiro. Em termos sanitários, essa organização colaborava para que os riscos de contaminação e infecções diminuíssem. Em termos humanos, a dignidade era finalmente respeitada, pois a atribuição de um número para cada fossa permitia que o defunto tivesse uma espécie de identidade e que os parentes pudessem saber onde estavam seus mortos, para fazer orações e homenagens, em uma cidade onde o culto dos mortos sempre foi parte imprescindível da cultura e da tradição.

Voltar aos anos 1700 e pensar na trilogia bourbônica ajuda, de alguma forma, a sequenciar os estágios de esperança, abandono e morte que permeiam também a tetralogia de Elena Ferrante. O Real Albergue dos Pobres é citado pelas gerações mais antigas como um instituto válido de formação que salvou muitas crianças da pobreza, assim como a escola do bairro ofereceu a Elena Greco e Raffaella Cerullo a possibilidade de ascender. A miséria do edifício do Granili é comparável ao que restou de inteiros bairros da cidade após o terremoto de 1980, narrado de forma vertiginosa por Lenu no último volume da tetralogia. Já a morte acompanha praticamente a história inteira, em prismas diferentes, desde o léxico da infância (crupe, tétano, tifo exantemático, gás, guerra, torno, escombros, trabalho, bombardeio, bomba, tuberculose, supuração),[117] passando pelos violentos assassinatos durante os anos de chumbo até a deterioração do corpo consumido pela droga, como acontece com Rino Cerullo, irmão de Lila.

---

[117] E. Ferrante, *A amiga genial*, 2015, p. 25.

A cidade operária

Uma cabeça que se descola como papel de parede em pleno processo de "desmarginação". Uma mulher magra, pálida, de olhos vermelhos, fossas nasais feridas e mãos cortadas. É nessas condições que Lenu reencontra Lila em um cômodo esquálido de San Giovanni a Teduccio, em 1969. O bairro, que fica na área industrial, próximo ao porto de Nápoles, aparece na tetralogia de Elena Ferrante como o refúgio de Lila, quando esta decide deixar seu lugar de origem e o casamento com Stefano Carracci. É um segmento importante no livro, pois ilustra o contexto político e social da época, a vida operária, a atuação dos sindicatos, os abusos e a violenta repressão imposta aos trabalhadores e trabalhadoras. Do ponto de vista da história da amizade entre as duas protagonistas, marca o momento de clara divisão de seus destinos. Enquanto Lenu ascende, conquistando um diploma em uma escola de prestígio, escrevendo um livro e com a perspectiva de entrar para uma família importante e respeitável, Lila queima todas as suas esperanças em uma fogueira onde enterra o passado.

Compreender as dinâmicas do processo de industrialização e declínio da zona industrial de Nápoles ajuda a estabelecer uma relação entre o tema e a história contada por Elena Ferrante em *A amiga genial*. O corpo de Lila, que definha, assemelha-se às carcaças que hoje jazem pelos quarteirões do bairro de San Giovanni, abandonadas após um período de retomada, uma recuperação construída sobre o dorso de quem viveu os anos do milagre econômico. Como Iolanda Terminio, 87 anos, a ex-operária com quem conversei para poder compor com mais propriedade este capítulo, cuja história me emocionou profundamente. Ou como os tios de Achille Centro, proprietário de uma agência voltada a experiências culturais e à valorização do território de Nápoles, que é quem me acompanha materialmente nesta empresa. Encontro Achille na frente do bar Augustus, na via Toledo, local frequentado principalmente por quem trabalha nos bancos e escritórios das redondezas, onde a bela sonoridade do napolitano se mistura ao tilintar frenético das xícaras manobradas com agilidade por baristas profissionais, que há décadas estão atrás daquele balcão. Achille é um homem simpático e amável e me convida, sem pressa, para um café antes de partir. Digo a ele o quanto adoro o café napolitano, as taças que queimam nossos lábios e o copinho de água que nos oferecem naturalmente, para limparmos a boca antes de saborear o café. Atravessamos as camadas subterrâneas de Nápoles para pegar a linha de metrô que nos conduz ao centro, onde ele geralmente deixa estacionado seu carro, já que no bairro espanhol, onde vive, não existe garagem. O carro de Achille está espremido entre outros dois. Os sinais da selvageria que marca o trânsito da cidade partenopeia são visíveis. A lataria da porta do carona está amassada, um dos retrovisores está dependurado, equilibrando-se entre o parafuso e a sanfona de plástico que o mantém fixado ao carro. A habilidade para manobrar em espaços tão estreitos é mais um talento nato dos napolitanos, assim como sua capacidade de transformar as histórias tristes ou sangrentas em narrativas espetaculares. No caminho, Achille me conta fatos sobre a própria vida e a de seus antepassados. Fico sabendo, por exemplo, que seu pai viveu no Real Albergue dos Pobres, dos catorze aos dezessete anos, e frequentou a escola de marcenaria. Ele era contemporâneo de Raffaele Cutulo, um *boss* da máfia napolitana, que, em 1974, fundou a Nova Camorra Organizada.

A história de Raffaele Cutulo aponta como a ficção de Ferrante tem um respaldo sólido na realidade ao retratar as personagens mafiosas Michele e Marcello Solara e Don Achille. Cutolo, também conhecido como o *"professore"*, por ser um ávido leitor (inclusive de poesias), foi preso pela primeira vez em 1963, por homicídio. Um dos jornais da época revela os detalhes do crime: na tarde de um dia de fevereiro de 1963, um jovem de 21 anos, Raffaele Cutolo, dirigia sua Millecento em alta velocidade. Uma menina de doze anos estava atravessando a rua pela faixa de pedestres quando o carro se aproximou sem frear. Assustada e ao mesmo tempo furiosa, ela atacou verbalmente o motorista, que, revoltado com sua reação, desceu do carro e a estapeou. Algumas pessoas que passavam pelo local saíram em sua defesa, e uma rixa se formou. Raffaele Cutolo disparou cinco tiros contra um deles, um rapaz chamado Mario Viscito, e fugiu. O jovem foi levado ao hospital na própria Millecento, mas não resistiu. Cutolo foi preso dias depois e pela primeira vez entrou no cárcere de Poggioreale.

Uma cena muito parecida, mas com um final menos trágico, aparece no primeiro volume da tetralogia. O enredo é praticamente o mesmo: um dia tranquilo, um passeio de carro pelo bairro e um incidente no meio do caminho.

> Depois a Millecento dos Solara se aproximou de nós, Michele ao volante, Marcello ao lado. Este último começou a nos dizer gracinhas. A dizer para nós duas, não só para mim. Cantarolava em napolitano frases do tipo: mas que belas senhoritas, não estão cansadas de andar pra cima e pra baixo?, olhem que Nápoles é grande, a cidade mais linda do mundo, linda como vocês, subam no carro, somente meia hora e depois as trazemos de volta.[118]

---

[118] Ibid., p. 128.

A passagem torna-se dramática quando Marcello Solara puxa o braço de Lenu e quebra seu bracelete. Lila, em defesa da amiga, aponta um trinchete contra a garganta de Solara. "Se tocar nela mais uma vez, vai ver o que lhe acontece."

Achille é a personificação da ambivalência de Nápoles, enraizada na sua ancestralidade. Ele me conta que, enquanto um de seus avôs fazia parte do corpo dos Carabinieri, uma das forças armadas da Itália, o outro era contrabandista de cigarros, uma das atividades ilícitas mais antigas e longevas praticadas na cidade. Basta pensar em Adelina, personagem de Sofia Loren no filme *Ontem, hoje e amanhã*, dirigido por Vittorio De Sica, de 1963, uma mulher que vende cigarros contrabandeados nas ruas de Nápoles e, para não cumprir pena, está sempre grávida. Enquanto dirige, Achille me diz:

> *De um lado tinha meu* nonno carabinieri, *muito rígido, distinto, e do outro, eu convivia com um* nonno *que era o avesso, um contrabandista de cigarros. E o mais impressionante é que ele me carregava junto. Me lembro muito bem que ele parava o carro no centro da cidade e eu ficava lá dentro, meio escondido. Eu escutava o barulho dos pacotes repletos de maços de cigarros sendo descarregados do porta-malas do carro e mentalmente fazia as contas do número de fardos que ele vendia. Para mim, era como uma magia ver aqueles pacotes desaparecendo, porque de dentro do carro, pequeno como eu era, eu não via quem os comprava e os levava embora. Me lembro que era o ano de 1978, pois ainda tenho na minha memória os cartazes de* Grease [o filme] *espalhados pelos muros do centro.*

Atravessamos o túnel de via Emanuele Gianturco e deixamos para trás o Rione Luzzatti. A paisagem se transforma devagar. No lugar dos edifícios de quatro andares organizados em blocos e as roupas coloridas penduradas nos varais, surgem paredes muito cinzas, *outdoors* de cantores neomelódicos – uma verdadeira febre em Nápoles –, cartazes de políticos desbotados ou rabiscados. Achille me aponta em uma rotatória, os primeiros sinais de decadência do que foi a principal zona industrial da cidade de Nápoles: "Aqui trabalharam dois tios meus, eles eram operários de uma fundição no período em que San Giovanni a Teduccio era um dos maiores polos industriais do sul da Itália." A estrada onde estamos é a mesma que Lila e Lenu percorrem em uma das passagens mais marcantes da tetralogia, quando fogem da escola para conhecer o mar. No livro, a paisagem é descrita como um lugar rural, selvagem, com muros e ruínas invadidos pelo mato: "Enquanto isso, crescia à nossa volta uma paisagem de abandono: tonéis amassados, madeira queimada, carcaças de carros, rodas de carroças com os raios despedaçados, móveis semidestruídos, sucata enferrujada."[119] O que eu vejo não é muito diferente, com exceção do trânsito caótico, dos depósitos de atacados de produtos chineses e de muita poluição visual.

Mais à frente, passamos pela Ponte dei Granili, e Achille me mostra onde ficava o enorme edifício projetado por Ferdinando Fuga. Lembro-me imediatamente do relato de Anna Maria Ortese sobre a cidade involuntária e procuro imaginar o velho edifício no qual viviam as 570 famílias submersas pela miséria, a pouquíssimos metros da estonteante e rica paisagem do golfo. San Giovanni é uma zona extensa e densa (são cerca de 25 mil habitantes), e por ali passa a famosa Circumvesuviana, uma linha ferroviária que conecta Nápoles às cidades periféricas incrustadas no Vesúvio.

---

[119] Ibid., p. 70.

Na estrada que leva até o mar, um cemitério começa a se materializar na minha frente. As sepulturas são esqueletos de antigas fábricas e indústrias que empregaram milhares de trabalhadores a partir do final dos anos 1800, quando a área de San Giovanni a Teduccio começou a abrigar um sonho de futuro. Enterrados ali estão também as histórias e os desejos de pessoas comuns, homens e mulheres que, sem possibilidades de estudar, tornavam-se operários. Eles foram responsáveis por uma verdadeira revolução nos modelos de produção e na introdução de um sistema industrial importante em uma região onde, até então, a economia era essencialmente agrária. Já a partir da segunda metade do século XIX, o bairro abrigava indústrias importantes, como as siderúrgicas, a indústria madeireira, a de ferro, os curtumes, as tradicionais fábricas de luvas, de tabaco, e a indústria alimentícia. Foi no período do vintênio fascista que se instalou em San Giovanni a Teduccio uma importante cadeia petrolífera com refinarias, estocagem e distribuição.

O que restou das estruturas ainda está lá, são galpões enormes e muros altos, que à sua época isolavam os operários do mundo externo durante a jornada de trabalho. Atravessamos uma estrada completamente deserta, e Achille me faz notar, escondido entre a vegetação e os entulhos, uma construção antiga, praticamente um pedaço da história de Nápoles, que um dia fora um dos reinos mais importantes do continente europeu. O Forte de Vigliena foi construído no início dos anos 1700 como sistema de defesa da cidade, a mando do vice-rei espanhol Juan Manuel Fernandez Pacheco. Foi declarado monumento nacional em 1910 e entrou para a lista dos lugares de interesse histórico, que, por lei, deveriam ser protegidos e conservados. Hoje, talvez seja a sepultura mais antiga do grande cemitério que é a área industrial de San Giovanni a Teduccio.

As mulheres operárias

Dentre todas as indústrias sediadas no bairro, sem dúvidas a mais importante e famosa foi a Cirio, até hoje símbolo da excelência italiana no setor agroalimentar, uma fábrica de conservas cuja história é contada como uma verdadeira fábula, a qual reporto aqui em poucas palavras. Francesco Cirio, um homem simples, nascido em uma pequena cidade na região do Piemonte, ainda bem jovem muda-se para Turim, onde se envolve na comercialização de produtos agrícolas e em sua distribuição para o mercado francês. O pouquíssimo estudo que tem permite que faça leituras que o interessam, como a tradução do francês para o italiano de uma obra anônima que ilustra o método desenvolvido por um confeiteiro francês, Nicolas Appert, para conservar alimentos. Em 1856, apenas cinco anos antes de a Itália finalmente se transformar em um país unificado, Francesco Cirio abre em sua casa a primeira indústria de conserva alimentar da Itália.

Não demora muito para que Cirio atente para a qualidade dos produtos agrícolas do sul da península italiana e constitua junto com outros sócios, incluindo os irmãos Pietro e Paolo Signorini, uma empresa na comuna de Castellamare, às portas de Nápoles. O estabelecimento de San Giovanni a Teduccio começa a funcionar em 1892, quando a empresa importa um sistema mecânico capaz de vedar as latas de conserva em um ciclo contínuo. A Cirio foi uma das indústrias mais importantes da Itália e chegou a empregar 10 mil pessoas na região da Campania. Nos anos 1930, teve uma filial na Argentina, que abastecia o mercado interno e fornecia mercadoria para a grande quantidade de italianos que havia se estabelecido no país. No pós-guerra, partindo da conserva de tomate, a em-

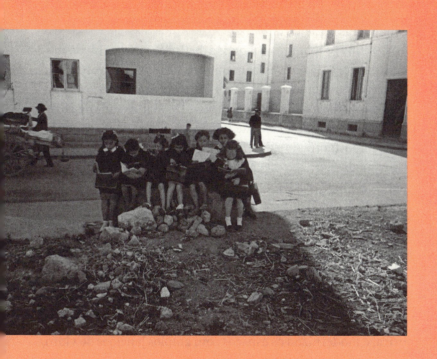

Crianças no bairro Rione Luzzatti. Nápoles, 1950.

presa incrementou o negócio com a distribuição de leite. Peter Signorini, no livro *Come natura crea: Cirio, la storia*[120] [Como a natureza cria: Cirio, a história], conta que a empresa investiu em um maquinário para irradiar o leite com raios ultravioleta. O processo aumentava a quantidade de vitamina D, um benefício importante para uma população que vinha de um período de grande carência alimentar. Naqueles anos, Nápoles torna-se a segunda cidade italiana em termos de volume de negócios, ficando atrás somente de Milão.

Os anos 1970 marcam a queda da Cirio, com a crise do modelo industrial, as greves, as manifestações e os conflitos com os sindicatos. A empresa é vendida em 1972, e, em pouco tempo, a fábrica de San Giovanni é fechada. Depois de anos de abandono, hoje o complexo onde funcionava uma das indústrias mais importantes do sul da Itália é sede do polo tecnológico da Universidade de Nápoles Federico II e abriga a Apple Developer Academy [Academia de Desenvolvedores Apple], uma espécie de sucursal da gigante de Cupertino, para a formação de desenvolvedores de aplicativos e novas tecnologias. Os galpões em que as mulheres operárias separavam os caixotes de tomate e de onde saíam as conservas que abasteciam o país se transformaram em laboratórios e salas coloridas, com mobiliário de *design* moderno. O projeto do escritório de arquitetura japonês Ishimoto manteve a histórica chaminé, que era símbolo da fábrica, e modernizou os espaços com amplos janelões de vidro, com vista para o Vesúvio.

---

120 Peter Signorini, *Come natura crea: Cirio, la storia*, Milão: Mondadori, 2017.

Quando chego com Achille ao campus universitário, a arquitetura do abandono já ficou para trás. O movimento de jovens estudantes e professores me mostra outro lado de San Giovanni. Desde que o novo polo tecnológico abriu as portas, em 2016, o bairro começou a mudar. Os apartamentos dos arredores foram ocupados pelos acadêmicos, e as estruturas, como bares e restaurantes, foram ampliadas para atender à demanda desse novo público. A comunidade viveu o fomento da economia local e passou a vislumbrar o sonho de um novo bairro, espantando a imagem de periferia pobre e perigosa, onde abandonar o lixo ou todo o indesejável.

Do período da antiga fábrica Cirio, não foi só a chaminé que ficou de pé. No pátio, uma espécie de redoma de vidro abriga um grande crucifixo, que Paolo Signorini, diretor da indústria, encomendou nos anos 1950 a um artesão especializado em arte sacra. O objeto ficou no adro da indústria até seu fechamento, foi recuperado e reposicionado no mesmo lugar, em uma espécie de homenagem aos operários que dedicaram anos de sua vida ao trabalho pesado na fábrica.

É interessante como a ficção corre por caminhos tão sedutores. Visitando a Apple Academy, é impossível não pensar que a semente dessa fruta foi plantada anos atrás, em um cômodo esquálido e triste de um apartamento a poucos metros dali, por uma mulher chamada Raffaella Cerullo, mais conhecida como Lina. Na história contada por Elena Greco, durante o dia, Lila trabalha como operária em uma fábrica de embutidos, mas de noite estuda cálculos matemáticos e linguagem de programação com seu fiel companheiro Enzo Scanno. No futuro eles abrirão a Basic Sight, uma empresa de tecnologia, e de proletários se transformarão em proprietários. Lila, nas palavras de Lenu, passa a ter uma vida de bruxa eletrônica.

Enzo tinha conseguido, agora trabalhava numa pequena fábrica de tecidos a cinquenta quilômetros de Nápoles. A empresa havia alugado uma máquina da IBM, e ele era o analista de sistemas. Sabe que trabalho é esse? Ele esquematiza os processos manuais, transformando-os em diagramas de fluxo. A unidade central da máquina é do tamanho de um armário de três portas, e a memória é de 8 KByte. Que calor que faz, Lenu, você não pode imaginar: o computador é pior que uma estufa. Máxima abstração misturada a suor e muito fedor.[121]

Algumas das imagens mais icônicas da publicidade italiana dos anos 1930 provêm das campanhas da Cirio. Uma das ilustrações, realizada por Leonetto Cappiello[122] em 1921, mostra uma mulher exuberante que dança entre ramos de tomates de diversos tipos, apoiada em uma lata da marca. Outra, de 1930, mostra a paisagem do golfo e o Vesúvio contornados pelas famosas latas vermelhas com escrita elegante: Sociedade das conservas alimentares Cirio – San Giovanni a Teduccio (Napoli). Na história contada pela amiga Elena Greco, Lila se precipita no bairro industrial depois de deixar o marido Stefano Carracci com a ajuda do amigo de infância Enzo Scanno. Em San Giovanni, ela encontra trabalho na fábrica de embutidos de Bruno Soccavo, o jovem amigo de Nino Sarratore, que ela conhece nas memoráveis férias de Ischia, alguns anos antes. A experiência operária

---

[121] E. Ferrante, *História de quem foge e de quem fica*, 2016, p. 256.
[122] Leonetto Cappiello (1875–1942) foi um renomado artista gráfico italiano, que revolucionou a arte da propaganda no início do século XX utilizando cores ousadas, imagens simplificadas e humor para promover produtos e eventos. Ele atuou principalmente em Paris e trabalhou para grandes marcas, como a famosa loja de departamentos francesa La Samaritaine. (N.E.)

de Lila se revela degradante, em um ambiente insalubre, com episódios frequentes de abuso.

No final dos anos 1970, Mariella Pacifico, uma pesquisadora italiana, recolheu relatos de mulheres operárias que trabalhavam na Cirio e as compilou em um livro, publicado em 1982. Os testemunhos são muito parecidos com a experiência de Lila, relatada no terceiro volume da tetralogia. Os problemas das operárias começavam nas próprias casas, com a violência dos maridos, companheiros ou pais, na dupla jornada de trabalho com a gestão da casa e dos filhos:

> Algumas coisas eu até consigo suportar, mas sabem por quê? No fundo acho que alguma coisa de meu eu tenho, o que me faz ir em frente são os filhos, que são carne minha. Mas dentro de mim, posso dizer que já estou morta, tamanha foi a animalidade do meu marido, do fato que te enche de porrada, que não te deixa em paz.[123]

A maioria dessas mulheres não trabalhava por desejar a emancipação ou por julgar importante sua independência, era uma questão de necessidade. O vencimento era uma fatia considerável da renda familiar, já que os maridos ou estavam desempregados ou tinham salários muito baixos, e os filhos não paravam de nascer. Com frequência elas recorriam ao aborto, regulamentado na Itália em 1978, como uma operária de 35 anos, que na ocasião da entrevista declarou: "Eu não tive liberdade para nada, era uma escravizada usada para trabalhar, só trabalhei,

---

123 Mariella Pacifico, *Casalinghe in fabbrica. Una ricerca tra le donne della Cirio di Napoli* [Donas de casa na fábrica. Uma pesquisa entre as mulheres do Cirio de Nápoles], Nápoles: Sintesi, 1982, p. 49–50 [tradução livre].

tive dois filhos e depois quatro abortos que acabaram com a minha saúde, e continuo a trabalhar, porque, senão, quem vai fazer isso por mim?"[124]

    Os problemas continuavam na fábrica, com os turnos intermináveis, a desvalorização do próprio trabalho e o ambiente nocivo das relações com os outros operários, homens e mulheres. É interessante pensar na reconstrução que Ferrante faz do movimento sindical e das lutas operárias naquele período. Na ficção, Lila é levada pelo amigo Pasquale Peluso, membro ativo do Partido Comunista Italiano (PCI), a reuniões no comitê, em uma casa na via dei Tribunali. Ali, num discurso em italiano corrente, ela faz um depoimento corajoso sobre as condições de trabalho às quais os operários eram submetidos na fábrica de embutidos Soccavo. Na série televisiva é possível ver sua condição física, a magreza, o cansaço, as olheiras, as roupas simples, os cabelos despenteados. O contraste é grande com o grupo de estudantes que conduz os encontros, representado principalmente por Nadia Galiani, filha da professora do liceu frequentado por Lenu e ex-namorada de Nino Sarratore. Os bem-intencionados burgueses infiltrados na luta operária que dormem em leitos cândidos na parte alta da cidade.

> Disse provocadora que não sabia nada da classe operária. Disse que só conhecia as operárias e os operários da fábrica em que trabalhava, pessoas com as quais não havia absolutamente nada a aprender a não ser a miséria. Vocês imaginam – perguntou – o que significa passar oito horas por dia mergulhado até a cintura na água de cozimento das mortadelas? Imaginam o que significa ter os dedos cheios de feridas de tanto descarnar ossos de animais?

---

[124] Idem, p. 18 [tradução livre].

Imaginam o que significa entrar e sair das câmaras frigoríficas a vinte graus negativos e receber dez liras a mais por hora – dez liras – a título de insalubridade? Se imaginam, o que acham que podem aprender com gente que é forçada a viver assim? As operárias devem permitir que chefetes e colegas passem-lhe a mão na bunda sem dar um pio.[125]

As operárias da Cirio, entrevistadas no estudo citado, mostram o mesmo pensamento de Lila em relação à utilidade concreta de sindicatos e partidos na realidade dos seus dias.

O sindicato nunca assumiu os problemas reais das mulheres porque seria um enorme trabalho. Por exemplo, nós temos operárias na fábrica que têm varizes do tamanho do meu polegar porque trabalham em condições absurdas... Se o sindicato tivesse cuidado disso, essas mulheres provavelmente não teriam chegado a essas condições na idade delas, então digamos que o problema das mulheres não é considerado.[126]

Em 1959, a Rai, emissora pública de televisão italiana, levou ao ar uma reportagem investigativa de oito episódios que tratava do trabalho feminino, da realidade rural às grandes fábricas, não deixando de lado, é claro, o trabalho doméstico. A proposta era analisar o papel das mulheres na vida social e econômica do país a partir das mudanças trazidas com o *boom* econômico. O título *La donna che lavora* [A mulher que trabalha] fazia re-

---

125 E. Ferrante, *História de quem foge e de quem fica*, 2016, p. 112.
126 M. Pacifico, *Casalinghe in fabbrica. Una ricerca tra le donne della Cirio di Napoli*, 1982, p. 84.

ferência às mulheres entrevistadas, que contavam sua rotina, suas dificuldades e seus sonhos.

A produção do programa visitou 31 cidades de norte a sul da Itália, recolhendo imagens e o testemunho das trabalhadoras. As perguntas eram feitas em *off*, os entrevistadores não apareciam para a câmera, como se o autoritarismo dentro de casa e nas fábricas bastasse por si só, e as mulheres se sentissem mais à vontade para falar de suas vidas sozinhas. Parece revolucionário para a época – e de fato a série foi considerada subversiva e quase não foi ao ar – que um programa televisivo da maior rede aberta e pública do país abordasse um tema tão espinhoso e delicado. O primeiro episódio tem como tema "A dificuldade de não ser homem" e aborda o preconceito contra a mulher que trabalha, as diferenças de renda e atribuições entre os gêneros. As primeiras cenas mostram uma escola popular feminina de uma cidadezinha no sul da Itália, onde mulheres adultas escutam concentradas a leitura por uma professora do artigo número três da Constituição italiana, que fala sobre a igualdade de direitos entre todos os cidadãos.

No episódio sobre o trabalho nas fábricas, a questão se concentra na exaustiva carga horária a que as mulheres são submetidas, além de ilustrar os riscos aos quais elas eram expostas. As cenas mostram o barulho ensurdecedor das máquinas, os movimentos repetitivos de pernas e braços e a exposição excessiva a materiais químicos insalubres. Em alguns depoimentos fica claro o desconforto do ambiente e da relação entre os colegas, permeada por intrigas, fofocas, inveja e brigas constantes. A insatisfação de uma vida tão dura de jornada dupla com o trabalho na fábrica e doméstico envenenava qualquer tipo de relação.

Iolanda

O bairro de San Giovanni a Teduccio hoje é um depósito de ruínas com grandes armazéns abandonados e chaminés silenciadas. Para ouvir o testemunho de quem viveu os anos em que a fumaça cobria o céu do bairro e as sirenes organizavam os turnos de trabalho, já de volta à minha casa, telefonei em uma tarde de março a Iolanda Terminio, uma ex-operária. Quem me deu seu contato foi Valerio Caruso, um jovem pesquisador napolitano que estuda o processo de desindustrialização da periferia de Nápoles. Caruso tem se debruçado em analisar a relação entre as redes de comércio clandestino, os padrões de consumo e as transformações ecossistêmicas suburbanas. O caso de San Giovanni a Teduccio é, na sua visão, um retrato do urbanismo desordenado da cidade de Nápoles, decorrente da dificuldade de regulamentar e organizar a copresença da indústria, do plano residencial e da infraestrutura. Para desenvolver sua tese, ele fez um panorama da história da industrialização e do declínio do bairro, entrevistando os operários que trabalharam nas indústrias.

Iolanda atendeu meu telefonema em sua casa, em Nápoles, onde vive sozinha. Quando respondeu, o barulho da televisão, sintonizada em um jornal vespertino, me fez imaginar um apartamento pequeno, um sofá antigo e uma cafeteira em cima do fogão, pronta para funcionar a qualquer momento. Como todo primeiro contato com um desconhecido, minha preocupação inicial foi saber como ela estava. Com uma voz tímida impulsionada por uma pequena risada, ela me respondeu: "Senhora, tenho uma certa idade, sabe; por consequência, sofro dos problemas relacionados à idade, mas não posso reclamar." Na minha conversa com Caruso, perguntei se ele tinha o contato de alguma mulher que havia trabalhado nas fábricas de San

Giovanni nos anos 1960, mas não me dei conta de que poderia encontrar uma senhora no alto de seus 87 anos, como era o caso de Iolanda, a quem me desculpei pela pergunta indiscreta ao questionar qual era a "certa idade".

Iolanda Terminio constrói com desenvoltura uma linha do tempo de sua vida operária e explica que começou a trabalhar em 1963 para a Ignis, uma fábrica de eletrodomésticos fundada por Giovanni Borghi, a quem ela se refere como "comendador". Borghi foi um dos protagonistas do "milagre italiano" do pós--guerra, administrando uma das maiores indústrias europeias, que produzia fornos, geladeiras e máquinas de lavar. Algumas das empresas que atuavam no bairro de San Giovanni a Teduccio tinham uma relação paternalista e assistencialista com os funcionários. A Ignis era uma delas. Na Cirio, por exemplo, os filhos dos funcionários frequentavam uma escola interna, onde passavam o dia enquanto os pais trabalhavam. As refeições, os cadernos, os livros, o uniforme, a assistência médica, tudo era financiado pela empresa. Ao completarem os estudos, as crianças eram incentivadas a escolher um percurso de estudo técnico e, ao final, eram absorvidas pela Cirio para trabalharem no estabelecimento, assim como seus pais. A fábrica tinha também uma creche com enfermeiras, e as mães podiam amamentar seus bebês quando necessário.

Iolanda teve a possibilidade de completar seus estudos nos cursos supletivos noturnos oferecidos pela Ignis. Ela pegava um trem para chegar à fábrica, trabalhava o dia inteiro e depois seguia para a escola, em uma rotina extenuante. Com o diploma do ensino médio, passou de operária a funcionária dos escritórios da empresa e reconhece, ainda hoje, que o trabalho em San Giovanni a Teduccio, "lugar que era repleto de indústrias e hoje é o retrato da miséria", foi uma espécie de salvação em sua vida.

A história de Iolanda é um resumo doloroso da primeira metade do século XX na Itália. Quando ela me contou o esforço que fez para estudar, meu instinto foi louvá-la, mas ao escutar minha entusiasmada interjeição: "brava", ela me puxou para a realidade, dizendo que não era questão de coragem, de esforço, mas de necessidade.

> *Meu pai morreu em 1938, eu tinha três anos; minha irmã, onze meses. Mamãe ficou viúva aos 38 anos com sete filhos para criar, eu não tinha outra escolha senão trabalhar. Meus irmãos foram para o norte, em Varese, um era do exército e outro era operário na sede da Ignis, e conseguiu para mim um emprego na fábrica de Nápoles. Meu pai era marechal Carabinieri e foi trabalhar na África, na época em que era colônia italiana; era o que faziam os militares que tinham famílias numerosas para poder ganhar mais. Mas ele contraiu a malária, o trouxeram para Nápoles, e ele morreu no hospital militar aos 42 anos. Não me lembro dele, a única recordação que tenho foi do dia em que ele foi exumado, eu estava com minha mãe no cemitério, e ele tinha sido enterrado com a farda. Mamãe quis impedir que eu visse a cena, mas eu olhei e vi seus sapatos sendo retirados da sepultura, essa é a lembrança que eu tenho do meu pai, um par de sapatos.*

Na história de vida de Iolanda, contada a mim em poucos episódios, como o capítulo de uma novela que dura trinta minutos – o tempo do nosso telefonema –, duas palavras se repetem com frequência: "triste" e "difícil". É como se sua vida pudesse ser assim resumida. Lembro-me imediatamente da descrição pungente que Lenu faz dos corpos das mulheres do bairro:

> Naquela ocasião, ao contrário, vi nitidamente as mães de família do bairro velho. Eram nervosas, eram aquiescentes. Silenciavam

de lábios cerrados e ombros curvos ou gritavam insultos terríveis aos filhos que as atormentavam. Arrastavam-se magérrimas, com as faces e os olhos encavados, ou com traseiros largos, tornozelos inchados, as sacolas de compra, os meninos pequenos que se agarravam às suas saias ou que queriam ser levados no colo. E, meu Deus, tinham dez, no máximo vinte anos a mais do que eu... Tinham sido consumidas pelo corpo dos maridos, dos pais, dos irmãos, aos quais acabavam sempre se assemelhando, ou pelo cansaço, ou pela chegada da velhice, pela doença. Quando essa transformação começava? Com o trabalho doméstico? Com as gestações? Com os espancamentos?[127]

As personagens de Ferrante tornam-se ainda mais verossímeis conversando com pessoas que viveram os anos descritos no livro. Convenço-me de que a tetralogia napolitana compila em suas mais de 1.700 páginas um retrato se não fidedigno, ao menos muito próximo da história recente da Itália, a partir do pós-guerra. Elena Ferrante repete, de certo modo, o que as grandes romancistas dos anos 1900, tais como Anna Maria Ortese e Elsa Morante, fizeram, não sem sofrerem duras críticas.

René de Ceccatty, biógrafo de Elsa Morante, em seu livro *Elsa Morante: una vita per la letteratura*[128] [Elsa Morante: uma vida para a literatura], dedica um capítulo inteiro ao livro *La storia* [A história],[129] de 1974, uma das obras mais importantes de Morante. A trama se desenvolve em torno de Ida Ramundo, uma professora judia violentada por um soldado alemão no início da Segunda Guerra. A mulher dá à luz Giuseppe (Useppe),

---

127 E. Ferrante, *História do novo sobrenome*, 2016, p. 99.
128 René de Ceccatty, *Elsa Morante: una vita per la letteratura*, trad. Sandra Petrignani, Vicenza: Neri Pozza, 2020.
129 Elsa Morante, *La storia*, Roma: Einaudi, 2005.

que viverá com ela, com o irmão Nino e outras personagens os terríveis anos do combate. O livro foi lançado na Itália com uma grande manobra promocional da editora Einaudi, que se valeu de anúncios nos principais jornais e propôs uma edição de bolso com preço reduzido, seguindo um desejo da própria Morante. A escritora quis tratar de forma didática e com personagens simples questões complexas como o fascismo, as leis raciais e o decurso da guerra desde o início. Segundo Ceccatty:

> *A história* representou o retorno ao grande romance popular, cujas personagens animam os leitores em um reconhecimento direto. Pessoas comuns assim como pessoas de variada notoriedade escrevem à autora para lhe dizer o quanto se reconheceram no realismo das vicissitudes narradas, evocando uma ou outra cena que os tocaram.[130]

Ao falar de *A história*, Ceccatty cita também os romances de Ferrante: "Como fenômeno editorial, *A história* foi o mais importante na Itália entre *O gatopardo*, de 1958, e *O nome da rosa*, de 1980, antes dos mais recentes *best-sellers* assinados por Andrea Camilleri e por Elena Ferrante."[131]

Enquanto Iolanda Terminio me contava sua história, eu pensava nos romances de Elsa Morante e em como personagens ordinários podem deixar como herança suas histórias, que hoje nos parecem tão extraordinárias. Fui tragada pelo discurso de Iolanda como se estivesse revivendo a leitura de um romance morantiano. Com uma memória invejável e muito articulada, ela me relatou que sua mãe vinha de uma

---

[130] René De Ceccatty, op. cit., p. 99 [tradução livre].
[131] Idem.

família importante, o avô era advogado e, ao casar a filha com o pai de Iolanda, em 1924, ofereceu um dote de 20 mil libras, o que era, nas palavras de Iolanda, "um dote fabuloso para a época, suficiente para comprar um palacete", já que o pai parecia um príncipe com seus 1,97 m. Mas os tempos tenebrosos que vieram foram um revés na vida da família, e sua mãe ficou viúva aos 38 anos, com 7 filhos para criar. "Tínhamos uma vizinha que era uma senhora muito rica e não podia ter filhos, ela pediu com muita insistência para que minha mãe lhe deixasse adotar a minha irmã, mas mamãe, mesmo com toda a dificuldade, se negou."

Elsa Morante, que não veio de uma família miserável, mas tinha uma origem modesta, viveu um período da infância sob os cuidados da madrinha, uma mulher nobre chamada Maria Maraini Guerrieri Gonzaga. Ela era educadora e criou uma escola destinada a crianças de famílias pobres, na qual adotava os princípios desenvolvidos pela pedagoga italiana Maria Montessori. Irma Poggibonsi, mãe de Morante, também professora, soube reconhecer o talento da filha para a literatura e considerou uma boa oportunidade deixá-la por uns tempos na casa da madrinha. O fato marcou para sempre a vida de Elsa Morante e contribuiu para a criação de seus contos e romances.

É quase impossível imaginar que Elena Ferrante não tenha convivido ou escutado histórias de mulheres que viveram aqueles tempos. Ouvir o relato de Iolanda Terminio, vívido na sua memória, é como materializar minha imaginação de leitora. Em nossa conversa, ela também quis saber de mim, perguntou se eu era casada, se tinha filhos, e se emocionou quando eu disse que era mãe de duas meninas: "Senhora, a coisa mais preciosa da vida é ter uma irmã." Iolanda nunca se casou nem teve filhos, mas acabou sendo mãe de sua mãe:

Me aposentei quando minha mãe adoeceu, ela ficou dois anos de cama. A empresa me deu um bom acerto na época, fui juntando minhas economias e cuidei dela. O sonho da mamãe era ter uma casa própria. Eu sempre quis chegar a ponto de dizer: "Mamãe a gente conseguiu, temos nossa casa", mas ela morreu em 1975, e a casa só conseguimos comprar em 1990.

Hoje, Iolanda vive no apartamento de Nápoles e conta com uma pessoa que a assiste, já que se cansa facilmente pela idade avançada. Os sobrinhos a visitam com certa frequência, e ela se diz encantada com um bebê recém-nascido de uma sobrinha-neta. "Essa é minha maior alegria, todos os dias agradeço ao senhor e digo: senhor, você me deu um presente, não posso reclamar porque ainda estou de pé." Despeço-me de Iolanda com um aperto no peito de ter que deixá-la, pois percebo que minha companhia a alegra. Quando agradeço que tenha compartilhado comigo um pouco de sua vida, ela me responde: "Senhora, infelizmente sobre minha vida não pude lhe contar coisas belas porque não as vivi. O Senhor quis assim."

A estrada que leva até o mar passando por San Giovanni a Teduccio é uma espécie de depósito de fumaça, sujeira e detritos, como se ali existisse uma passagem de purificação para finalmente chegar à beleza e à calmaria. É curioso pensar que essa construção não corresponde exatamente ao que Elena Ferrante desenha na conclusão de sua tetralogia, negando a obviedade de uma redenção possível. Quando os esqueletos das antigas fábricas ficam para trás, eu atravesso uma rua com algumas casas decoradas com imagens da Madonna dell'Arco, a protetora dos pobres e emarginados. Passo por um corredor e de repente estou na frente da beleza improvável do Golfo de Nápoles. Na prainha de San Giovanni a Teduccio, pescadores e banhistas desafiam a própria sorte, flertando com aquele que é considerado um dos trechos de litoral mais poluídos da região da Campânia. Venho a saber que, no verão de poucos anos atrás, as tartarugas escolheram exatamente este lugar para depositar seus ovos. A manchete do jornal era: "Milagre em San Giovanni: nascem tartarugas nos esgotos".

>Decidi ir imediatamente a San Giovanni a Teduccio. Queria lhe devolver *A fada azul*, mostrar a ela meus cadernos, folheá-los juntas, compartilhar o prazer dos comentários da professora. Mas acima de tudo sentia a necessidade de fazê-la se sentar ao meu lado e lhe dizer: como somos afinadas, uma em duas, duas em uma, e provar a ela com o rigor que eu achava ter assimilado na Normal, com a tenacidade filológica que aprendera com Pietro, como seu livro de menina tinha lançado raízes profundas em minha cabeça a ponto de desenvolver ao longo dos anos um outro livro, diferente, adulto, meu e no entanto imprescindível do seu, das fantasias que tínhamos elaborado juntas no pátio das nossas brincadeiras, ela e eu em continuidade, formadas, deformadas, reformadas. Desejava abraçá-la, beijá-la e dizer: Lila, de agora em diante, não importa o que aconteça a mim ou a você, não devemos nos perder nunca mais.[132]

---

[132] E. Ferrante, *História do novo sobrenome*, 2016, p. 455.

Pausa da dor

"Diferentemente do que ocorre nos romances, a vida verdadeira, depois que passou, tende não para a clareza, mas para a obscuridade."[133] Esta frase me acompanhou durante todo o processo de pesquisa e nas viagens para escrever este livro. Ela aparece na última página de *A amiga genial* e aponta para um final ironicamente revelador. No prólogo do livro, Lenu recebe uma ligação do filho de Lila, que, desesperado, lhe informa sobre o sumiço da mãe. Ela se propõe então a escrever cada detalhe da história de sua vida com Lila, tudo o que ficou na memória, com o intuito de contrariar a vontade da amiga, que no passado já havia prometido que um dia desapareceria. O resgate com ares de inquérito que Lenu opera com raiva e nostalgia na sua escrivaninha em um apartamento em Turim não gera respostas. Seu esforço para manter Lila viva e presente origina as mais de 1.700 páginas que emocionaram leitores do mundo inteiro e consagraram Elena Ferrante.

A pesquisadora brasileira Fabiane Secches, em seu livro *Elena Ferrante: uma longa experiência de ausência*, compara o processo que orienta a escrita de Elena Greco, e também a de Elena Ferrante, à imagem de uma boneca russa. Quando abrimos a primeira, encontramos a segunda, e assim sucessivamente, até chegar a uma boneca pequenina que não pode ser mais aberta.

A autora desarmoniza através da adição: a tetralogia napolitana flerta com a desordem da condição humana e representa o amálgama da confusão do mundo. Ferrante parece em busca de uma

---

[133] E. Ferrante, *História da menina perdida*, 2017, p. 476.

verdade que não se opõe à literatura, mas ao contrário, mistura-se a ela e a constitui. Assim, constrói uma história que tem o espírito do nosso tempo, mas também pode ser lida como um mito sobre a amizade, a escrita literária e a experiência humana na modernidade.[134]

Construir um mapa para a tetralogia é, de alguma forma, percorrer estradas comuns a todos nós. Uma cartografia fragmentada de uma Itália dividida entre norte e sul, marcada por uma história recente de desenvolvimento e decadência, liberdade e opressão. Que poderia representar de certa forma, nossos passos como humanidade, entre vales, onde tocamos as profundezas, e colinas, de onde vislumbramos novos horizontes.

Buscar Lenu nas ruas de Nápoles, nas praias de Ischia, em Pisa e Florença, cidades que também pertenciam à minha própria história, pareceu-me algo palpável durante a pesquisa. Mas Lila, sempre fugidia e abstrata, eu tive de procurar nas paisagens do golfo. Em uma das minhas viagens a Nápoles, peguei um ônibus que me deixou na Piazza Sannazaro, uma praça muito movimentada com uma rotatória decorada por uma fonte, de onde desponta a belíssima escultura de uma sereia, muito diferente da sereia da Fontana delle Zizze, no centro histórico. Ali, o caos sonoro das buzinas se mistura com o cheiro da maresia, e o panorama do golfo é um descanso para os olhos. A sereia, muito formosa, está posicionada em cima de um rochedo. Aos seus pés, um cavalo, uma tartaruga, um leão e um golfinho a sustentam para que ela possa, em um movimento de torsão, segurar em um de seus braços uma lira, instrumento associado aos mitos da Antiguidade Clássica. O outro braço

---

[134] F. Secches, *Elena Ferrante: uma longa experiência de ausência*, 2020, p. 188-189.

aponta para o alto, como se ela quisesse avisar que algo de terrível ou de esplêndido está prestes a acontecer.

O nome da praça é uma homenagem ao poeta e humanista Jacopo Sannazaro, que viveu em Nápoles no período renascentista (1458-1530). Sua obra mais conhecida é a *Arcadia*.[135] Trata-se de uma novela que conta a história de Sincero, um homem que, marcado por uma desilusão amorosa, deixa Nápoles e segue para Arcádia, na Grécia, uma espécie de terra imaginária habitada por pastores-poetas, um lugar ideal de belezas e comunhão com a natureza, longe da barbárie da civilização. Ali ele convive com ninfas, sátiros, gozando da beleza de rios límpidos, esplanadas verdes, e ouvindo cantos e poesias. Até o dia em que resolve regressar a Nápoles e, guiado por uma ninfa, penetra no mundo inferior, onde se conservam as terras perdidas de civilizações antigas, emergindo de volta à sua cidade.

O desaparecimento de Lila é descrito por Lenu como misterioso, quase místico. A própria existência da amiga, em grande parte da narrativa, é vista como algo superior, fora do normal. Basta pensar nos atributos que Elena dispensa a Lila: maga, bruxa, sereia, deusa.

Às vezes me pergunto onde ela se dissolveu. No fundo do mar. Dentro de uma fenda ou de um túnel subterrâneo cuja existência só ela conhece. Numa velha banheira cheia de um ácido poderoso. Dentro de um fosso carbonário de outros tempos, daqueles a que dedicava tantas palavras. Na cripta de uma igrejinha abandonada na montanha. Numa das tantas dimensões que ainda não conhecemos, mas Lila sim, e agora ela está lá, ao lado da filha.[136]

---

135 J. Sannazaro, *Arcadia*, Milão: Mursia Editore, 2014.
136 E. Ferrante, *História da menina perdida*, 2017, p. 474.

Um dos eventos mais dramáticos de toda a tetralogia é outro desaparecimento, o da menina Tina, filha de Lila e Enzo Scanno, que na história parece simbolizar uma espécie de segunda chance, seu momento de estabilidade. No início dos anos 1980, Lenu e suas três filhas vivem em um apartamento no mesmo prédio de Lila e sua família, no antigo bairro onde elas cresceram. Em um dia de domingo, em que as duas famílias estão reunidas para um almoço, Tina desaparece na confusão de uma feira que está acontecendo no estradão. As investigações feitas pela polícia – e informalmente pela comunidade e pelos Solara, membros da máfia – são inconclusivas, e o caso fica para sempre sem solução. É o início da viagem de Lila pelas profundezas de seu mundo desarranjado.

A imagem da sereia, que por vezes recorda a generosidade e a fúria de Lila, está lá, na Piazza Sannazaro. Sua fuga se compara, de certa forma, ao exílio de Sincero em *Arcadia*, ferida pela perda irreparável de uma filha que não irá regressar. Lila parece se dissolver nas histórias misteriosas de Nápoles, em esculturas celebrativas, no azul brilhante do golfo. A colina de Posillipo parece ser o seu lugar. Seus palacetes burgueses posicionados em picos que avançam sobre o mar são o oposto dos edifícios pobres e desbotados do bairro periférico e operário onde se desenrola a história das duas amigas. Mas ainda assim, Posillipo é uma terra onde Lila parece ter sempre vivido.

A origem de Posillipo está relacionada aos mitos e aos mistérios do mundo antigo. Suas casas abastadas foram construídas sobre um promontório onde há mais de dois mil anos viviam os gregos. A antiga etimologia grega do nome *Pausilypon* é traduzida como "pausa da dor". A área conserva restos arqueológicos que elevam a atmosfera mística tão impregnada na cultura napolitana. Aqui, no século I a.C., foi erguida a vila de Públio Védio Polião, um importante cavaleiro romano. Parte da propriedade, que tinha jardins, termas e uma arena para espetáculos, foi conservada e faz parte hoje de um parque arqueológico. Na costa, a poucos metros de profundidade, repousam submersos testemunhos da genialidade da arquitetura de época romana: restos do antigo cais, ninfeus e os viveiros onde Polião criava lampreias.

Lila, no auge de sua dor pela perda da filha Tina, busca refúgio nas lendas e nos mistérios sobre a cidade de Nápoles. No último período de convivência com Lenu, ela passa seus dias fechada na Biblioteca Nacional, decidida a aprender tudo sobre a cidade de onde nunca saíra. As histórias sobre palácios abandonados, ninfas, faunos, espíritos e demônios são o combustível para sua mente atordoada. Porém, sua confidente não é mais a amiga de infância, mas Imma, a filha mais nova de Lenu, com quem compartilha suas descobertas. Em uma das conversas, Lila fala sobre um famoso edifício habitado por espíritos, situado na ponta de Posillipo, a poucos passos do mar. Trata-se do Palazzo degli Spiriti, ou as ruínas que restaram de um dos palácios da vila de Polião. Dentre as lendas que povoam o imaginário popular, uma das mais conhecidas era contada pelos antigos pescadores. Eles diziam que durante a madrugada escutavam-se gemidos e vozes provenientes do palácio. Os sons eram poemas recitados provavelmente pelo espírito do poeta Virgílio, que repousa não muito longe dali.

Seu sepulcro fica aos pés da colina de Posillipo, no Parque Vergiliano, um monumento que oscila entre doses de beleza e sinais de abandono, e é conhecido também como parque dos poetas. É lá também, entre trilhas silenciosas, que está o túmulo de Giacomo Leopardi, o poeta cuja obra Lila não pôde estudar, mas sobre o qual Lenu formula uma belíssima apresentação em um exame escolar, inspirada pelos discursos da amiga. Giacomo Leopardi passou os últimos dias de sua vida em Nápoles e poucos meses antes de sua morte (1837), aos 39 anos, escreveu o poema "La ginestra" [A giesta], que é considerado seu testamento lírico-filosófico. A composição faz referência à giesta, flor que cresce nas encostas do Vesúvio, o vulcão cuja erupção do ano de 79 d.C destruiu as cidades de Pompeia e Herculano. Nela, Leopardi desenvolve seu pensamento crítico em relação à presunção do homem de sua época, que se considerava superior à natureza e capaz de escolher seu destino. A potência destruidora da lava do Vesúvio revela a condição da miséria humana, elaborada por Leopardi como propulsora de um movimento de solidariedade entre os homens.

É interessante pensar que a epígrafe do poema "La ginestra" é um trecho do evangelho de João que diz: "E os homens amaram mais as trevas do que a luz." Na concepção religiosa, a escuridão é relacionada ao pecado, e a salvação, à clareza. Leopardi reformula essa ideia, considerando a visão otimista e frívola da vida como a treva e associando a luz à capacidade crítica de não acreditar nas ilusões.

Lila, a bruxa, a deusa, a sereia, a mulher que perde as margens, evapora sem deixar vestígios para encontrar a luz. Posillipo, o bairro mais nobre de Nápoles, de onde a imensidão do golfo parece nos engolir em um abraço, é a terra onde ela transita incógnita. Se a etimologia grega da palavra *pausilypon* significa "lugar onde as dores cessam", é aqui, entre parques, grutas, restos arqueológicos e águas profundas que Lila finalmente se dissolve.

Agradecimentos

Escrever aparenta ser um movimento solitário. Mas, na verdade, este livro é resultado de leituras compartilhadas, conversas, trocas e conexões com pessoas que também se debruçaram com encantamento sobre a obra de Elena Ferrante. Assim, muitas delas estão aqui comigo desde a ideia do projeto.

Na ocasião do lançamento de *A vida mentirosa dos adultos* no Brasil, em 2020, a editora que o publicou me pediu que escrevesse um pequeno guia da cidade de Nápoles inspirado no último romance de Elena Ferrante. À época, eu tinha no colo uma bebezinha de três meses, e outra menininha de três anos rondava pela casa, de onde não podíamos sair por causa de uma pandemia assustadora que havia atingido em cheio a Itália e depois se espalhado pelo resto do mundo. Contei então com o incentivo e a ajuda de duas mulheres, a quem agradeço: a primeira, Franca Benvenuti, avó das minhas filhas, que ofereceu seu colo a elas enquanto eu escrevia. A segunda, Heloiza Daou, que me deu a oportunidade de realizar o trabalho que seria a semente para este livro.

Agradeço também ao amigo Francesco Perrotta-Bosch, que, arquiteto e ensaísta talentoso, ajudou a dar forma à minha ideia em nossas conversas por labirintos verdes e pelas ruas líquidas de Veneza.

A concepção deste livro me proporcionou a oportunidade de aprofundar as relações com a pesquisadora, crítica literária e psicanalista Fabiane Secches, uma mulher generosa que apoiou e incentivou o desenvolvimento do projeto. Fabiane contribui de modo significativo para aproximar as pessoas de questões importantes sobre a vida, a arte e a literatura, e assim constrói as conexões mais belas.

Contei também com a leitura gentil e perspicaz da escritora e pesquisadora Ana Rüsche, que norteou o processo de escrita do livro. Seu olhar experiente me ajudou a superar algumas lacunas e a acreditar que eu estava diante de algo relevante. Agradeço seu encorajamento e sinto que ela esteve muito próxima durante as viagens de pesquisa para o desenvolvimento do texto.

Aos tradutores Francesca Cricelli, Maurício Santana Dias, Marcello Lino, por permitirem que Elena Ferrante pudesse chegar de forma tão viva aos leitores brasileiros. Eu admiro imensamente o trabalho de vocês.

À Cláudia Lamego, leitora atenta, jornalista e mediadora cultural pelo seu entusiasmo, pelas trocas e principalmente por ter acreditado que este seria um projeto bonito. A Ana Cecilia Impellizieri Martins, Joice Nunes e toda a equipe da Bazar do Tempo, por terem acolhido a ideia e por fazerem a diferença com um trabalho tão relevante no mercado editorial.

Agradeço também à Nicole Isabel dos Reis, que um dia me disse: existe uma escritora e você precisa conhecê-la. A Mattia, meu grande companheiro, que mesmo não sabendo bem o que faço, compreende minhas ausências e está sempre ao meu lado. Agradeço com muito afeto à minha irmã Daniela e sua família, por serem um pouso seguro.

Aos amigos que vibraram a cada viagem a Nápoles, a cada encontro com personagens reais e fictícios, que se emocionaram comigo pelas ruas das cidades por onde passaram Lila e Lenu: Cauana Mestre (que atravessou o túnel do estradão comigo), Thaïs Chavarry, Daniele Stradiotto, Vicente Cortez e Magê Santos.

À querida Michela Villani, que me acolheu em sua casa nos anos 2000 como uma filha, me ensinou a dar os primeiros passos nesse país e me apresentou Nápoles. À Valeria Villani, pela bonita amizade e por nossos passeios pelo Vomero. À Karina Loureiro, que me ajuda a desembaraçar tantas questões e foi fundamental para que eu acreditasse e insistisse neste livro.

Agradeço à Elena Ferrante, que em sua corajosa ausência participa ativamente desta revolução em curso do modo de pensar o feminino. Com seus livros, nos legitima a acolher nossas dores e nos reconhecermos complexas e ambivalentes. Vejo sua obra como uma enorme sala de espelhos onde nos percebemos, com menos assombro e com mais naturalidade, que somos muitas dentro da mesma imagem.

Reconheço na tetralogia napolitana muitos episódios da minha própria história e de quem veio antes de mim. Ainda menina, escutava com atenção e desconforto as histórias de escassez da infância dos meus pais, contemporâneos de Lila e Lenu. Eles também tiveram que contar com o apoio de professores extraordinários e bibliotecas públicas para estudarem e se formarem, por sua vez, também professores. Cresci no meio de livros, apontamentos e planos de aula. Geraldo e Maria Estela me cobriram de histórias e amor, permitindo-me imaginar mundos e desbravá-los. Obrigada, deu tudo certo. Vocês me deram o seu melhor.

Legendas e créditos das imagens

pp. 4-5, 31: Os *scugnizzi*, moleques napolitanos, mergulham na Fonte da Sirena, na Piazza Sannazaro. Nápoles, 1968. [*Bambini si tuffano nella Fontana della Sirena in Piazza Sannazaro*. Archivio Fotografico Carbone.]

pp. 10-11, 98: Nos anos 1960, Ischia era uma localidade de veraneio muito popular entre os napolitanos, além de refúgio para quem buscava a cura de diversas doenças em suas fontes termais. Ischia, 1964. [*Turiste davanti alla mappa turistica di Ischia disegnata su maioliche*. Archivio Fotografico Carbone.]

pp. 16-17, 195: As crianças da escola primária estudam entre os escombros do bairro em reconstrução. No final da guerra, o Rione Luzzatti foi um grande depósito de destroços removidos de vários pontos da cidade. Nápoles, 1950. [*Scolare che studiano sedute nella piazza del Rione Luzzatti*. Archivio Fotografico Carbone.]

pp. 129, 211: Tradicional passeio às margens do rio Arno. Pisa, 1959. [*Foto storiche Pisa*. Torrini Fotojornalismo.]

pp. 166, 212-213: Mulheres comemoram referendo sobre divórcio, Piazza Santissima Annunziata. Florença, 1974. [*Referendum sul divorzio in Piazza Santissima Annunziata*. Torrini Fotojornalismo.]

pp. 180, 218-219: Uma família exibe os produtos de sua charcutaria com destaque para a tradicional massa Russo di Cicciano, simbolizando a fartura no período de retomada econômica. Nápoles, 1960. [*Pastaio, espone pasta Russo ed alimentari*. Archivio Fotografico Carbone.]

pp. 77, 214-15: A igreja da Sagrada Família, no Rione Luzzatti, no pós-guerra, com a porta murada. Após bombardeios dos aliados, em julho de 1943, a igreja ficou em ruínas, e parte dela teve de ser reconstruída. Nápoles, 1950. [*La chiesa del Rione Luzzatti*. Archivio Fotografico Carbone.]